LOKI SCHMIDT

Auf dem roten Teppich

GOLDMANN

Lesen erleben

Buch

Aus einem Arbeiterhaushalt in die Welt der Mächtigen und Monarchen – Loki Schmidt, die Kanzlergattin und Naturschützerin von Rang, erinnert sich: Wie änderte sich ihr Leben mit dem Eintritt ihres Mannes in die Politik? Welche Aufgaben musste sie als Ehefrau eines Ministers und Regierungschefs bewältigen? Was hat sie aus den Möglichkeiten gemacht, die sich ihr boten?
Sie hat viel zu erzählen – von Ellenbogenstößen der Ceauşescus in die Rippen des Kanzlerpaares und übelriechenden Briefen an ihre Adresse, von Frikadellen à la Adenauer und einer selbstbewussten Farah Diba am persischen Hof.
Trotz aller Nähe zur großen Politik samt Glanz und Gloria ist Loki Schmidt sich zeitlebens treu geblieben.

Autoren

Loki Schmidt, geboren 1919, lebte mit ihrem Mann, Altbundeskanzler Helmut Schmidt, in Hamburg. Die ehemalige Lehrerin machte sich unter anderem durch ihr Engagement für den Pflanzen- und Naturschutz einen Namen, wofür sie den Professorentitel und die Ehrendoktorwürde des Fachbereichs Biologie der Universität Hamburg erhielt. Hannelore Schmidt starb im Oktober 2010 in Hamburg.
Dieter Buhl war über drei Jahrzehnte lang Mitglied der politischen Redaktion der ZEIT, unter anderem als Ressortleiter. Der vielfach ausgezeichnete Journalist ist Autor mehrerer Sachbücher.

Loki Schmidt

Auf dem roten Teppich

und fest auf der Erde

Im Gespräch
mit Dieter Buhl

GOLDMANN

Verlagsgruppe Random House FSC-DEU-0100
Das FSC®-zertifizierte Papier *Lux Cream* für dieses Buch
liefert Stora Enso, Finnland.

1. Auflage
Taschenbuchausgabe November 2011
Wilhelm Goldmann Verlag, München,
in der Verlagsgruppe Random House GmbH
Copyright © der Originalausgabe 2010
by Hoffmann und Campe Verlag, Hamburg
Umschlaggestaltung: UNO Werbeagentur, München,
in Anlehnung an die Gestaltung
der Originalausgabe (Katja Maasböl, Hamburg)
Umschlagfoto: ullsteinbild/ Poly-Press
KF · Herstellung: Str.
Druck und Bindung: GGP Media GmbH, Pößneck
Printed in Germany
ISBN: 978-3-442-15685-6

www.goldmann-verlag.de

Inhalt

Vorwort von Helmut Schmidt

Bei uns zu Hause hängt ein kleines Foto an einer Wand, das aus dem Juni 1929 stammt, ein Kindergeburtstag: mein Bruder Wolfgang und ich, ein Nachbarssohn, zwei Schulkameraden – und Loki als einziges Mädchen. Wir gingen damals in die gleiche Sexta der Hamburger Lichtwarkschule, beide zehn Jahre alt. Es gab Kakao und Kuchen und danach eine große Schüssel voller Kirschen, die wir sechs Kinder um die Wette aufgegessen haben. Am Ende hat Loki gewonnen, denn sie hatte die meisten Kirschkerne auf ihrem Teller. Aber es gab ein Nachspiel, das mich für die nächsten achtzig Jahre geprägt hat.

Loki hatte nämlich ihre Baskenmütze bei uns liegenlassen, und meine Mutter hat mir gesagt, ich solle ihr die Mütze nach Hause bringen. Das habe ich auch getan, zu Fuß etwa eine Dreiviertelstunde hin und wieder zurück. Aber die Ärmlichkeit der kleinen Zweizimmerwohnung im Hinterhof in der Baustraße, dunkel, doch voller Kinder und Erwachsener, hat bei mir einen Schock ausgelöst. Ich erinnere noch wie heute meine spontane Reaktion: Das ist ungerecht, es muss mehr Gerechtigkeit geben in der Welt! Ich habe damals das Schlagwort »soziale Gerechtigkeit« noch nicht gekannt, es ist mir erst später zugewachsen. Und im Laufe von Jahrzehnten hat sich dann dieser Begriff zunehmend mit klarem Inhalt gefüllt.

Allerdings war der andere Teil des Nachspiels für mich noch wichtiger. Denn während der anschließenden sieben Jahre gemeinsamer Schulzeit hat sich zwischen Loki und mir eine zuverlässige Freundschaft entwickelt. Zu Beginn des Russlandkrieges wurde daraus eine tiefe Liebe – und ein Jahr später haben wir geheiratet. Seitdem sind wir nun schon neunundsechzig Jahre ein Ehepaar. Dass wir immer zusammengeblieben sind, ist entscheidend Lokis Verdienst. Die gemeinsame Erziehung zum selbständigen Arbeiten, zur Liebe zur Musik, zur Malerei und zur Natur hat gewiss auch dazu beigetragen.

Lokis Eltern habe ich wohl mit vierzehn oder fünfzehn durch eine Reihe von Besuchen des Näheren kennengelernt. Mein späterer Schwiegervater Hermann Glaser war als Elektriker auf einer Werft bis in die Zeit der Kriegsrüstung über lange Jahre unfreiwillig arbeitslos, meine spätere Schwiegermutter Gertrud ging nähen. Es blieben immer sehr ärmliche Verhältnisse, erst recht nach der Ausbombung und nach dem Kriege in einer ehemaligen Gartenbude. Die Glasers konnten natürlich das Schulgeld für Loki nicht aufbringen, und deshalb sollte sie die Schule verlassen; ein vernünftiger Nazi-Schulleiter hat damals dafür gesorgt, dass ihre Eltern kein Schulgeld bezahlen mussten.

Hermann Glaser war ein für die Arbeiter-Bildungsbewegung typischer Facharbeiter, ein Mann voller Wissensdurst und Neugier. Was er in Abendkursen auf der Volkshochschule lernte, hat er anderntags seiner ältesten Tochter beigebracht. Wenn er hätte studieren können, so wäre er wohl – ebenso wie mein eigener Vater und mein Bruder – ein guter Lehrer geworden. Er tendierte quasi selbstverständlich politisch nach links; natürlich war er, ebenso wie mein eigener Vater, gegen die Nazis. Unser beider Eltern haben Loki und mich davor bewahrt, ideologisch auf die Nazis hereinzufallen.

Aus finanziellen Gründen konnte Loki nicht etwa Biologie oder Botanik studieren, was ihr Wunsch gewesen war; sie musste sich auf ein Studium mit dem Berufsziel der Lehrerin an Volks- und Realschulen beschränken. Und ich konnte mich nicht auf den erstrebten Architektenberuf vorbereiten, weil ich als Wehrpflichtiger ab 1937 acht Jahre lang Soldat wurde. So haben Nazizeit und Krieg all unsere jugendlichen Pläne zunichtegemacht.

Nach dem Kriegsende im Mai 1945 war alles ganz anders. Alles war auf eine andere Weise ebenso schwierig, wie es schon in der Nazizeit gewesen war – mit einer entscheidenden Ausnahme: Die Ängste vor schwerer Verwundung, vor sowjetischer Gefangenschaft und vor der Gestapo waren verschwunden. Deshalb waren wir jetzt ganz unverzagt. Wir waren ja davongekommen, wir waren ja zu zweit, wir würden schon irgendwie durchkommen.

Loki war schon seit 1940 Lehrerin und verdiente, wenn auch nicht viel. Ich dagegen begann, Volkswirtschaft zu studieren, weil dieses Fach den geringsten Zeitaufwand versprach. Erst 1949 – inzwischen gut dreißig Jahre alt – verdiente ich zum ersten Mal ein Gehalt. Es wurde auch Zeit, denn inzwischen hatten wir eine kleine Tochter und hofften auf ein weiteres Kind. Wir wohnten zwar mit drei anderen Familien in einer Vierzimmerwohnung, vier Frauen in der gemeinsamen Küche – aber wir waren glücklich.

Damals haben weder Loki noch ich uns gedanklich eine besondere Lebenslaufbahn oder eine Karriere vorgestellt. Unser Leben ist dann aber – völlig ungeplant und unbeabsichtigt – ganz anders verlaufen. Als ich zwanzig Jahre später Bundesminister der Verteidigung geworden war, lernte ich bald, dass ich meine Frau in Bonn als Gastgeberin brauchte. Weil aber die hamburgische Schulbehörde Loki höchstens ein halbes Jahr ohne Gehalt beurlauben wollte, hat sie ihren geliebten Beruf als Lehrerin aufgegeben. Daraus hat sich dann unerwartet eine für sie und auch für mich völlig neue Phase ihres Lebens ergeben. Von diesem neuen Lebensabschnitt handelt dieses Buch.

Wenn sie es hätten miterleben können, so hätten Lokis Eltern – und meine auch! – gestaunt darüber, wie selbstverständlich und wie selbstsicher Loki mit ausländischen Ministern und Regierungs- oder Staatschefs umgegangen ist, sei es als Gastgeberin, als Gast oder als Gesprächspartnerin. Sie war eine wohlerzogene Dame mit Herz und mit politischem Verstand. Dass sie zu einer solchen Rolle imstande war, habe ich zum ersten Mal ahnen können, als wir 1944 mit einer Reihe hoher Berufsoffiziere und adliger Generäle zu tun hatten. Ich habe es damals durchaus positiv registriert, aber gewundert hat es mich nicht.

Als Loki mehr als ein Vierteljahrhundert später in Bonn arbeitete, hat sie von mir kaum jemals eine Hilfe bekommen – weil sie nämlich gar keine Hilfe brauchte. Dabei wären einige technische Hilfen durchaus angebracht gewesen. Aber weder der Bundeshaushalt noch der Stellenplan hat zur Kenntnis genommen, dass die Ehefrau eines Regierungschefs für ihre vielfältigen Aufgaben jedenfalls ein eigenes Büro braucht, das Termine verabredet, Telefongespräche herstellt und dergleichen. Lediglich ein eigener Kraftfahrer stand ihr zu. Und eine eigene Küche hat sie sich selbst in einer ehemaligen Besenkammer im Kanzlerbungalow eingerichtet.

Zumeist haben wir uns nur morgens beim Frühstück

und zum zweiten Mal spätabends kurz vor dem Schlafengehen gesehen und gesprochen. Und fast niemals ist das Wochenende von Pflichten frei geblieben; lediglich der Sommerurlaub am Brahmsee war immer wieder eine Oase im Getümmel. Der Brahmsee war auch der Ort, an dem es zu langen und ausführlichen Gesprächen kam.

Auf den Feldern der Naturkunde habe ich fast alles von ihr gelernt. Auf den Feldern der Musik und der Kunst hatten wir von Kindheit an dieselben Vorlieben. In politischen Fragen waren wir meistens der gleichen oder nahezu der gleichen Meinung; jedenfalls haben wir uns nie darüber gestritten. Loki ist oft »Volkes Stimme« für mich gewesen.

Sie war bisweilen auch die einfühlsame Krankenschwester, wenn ich einem unserer vielen gemeinsamen politischen Freunde oder einem Mitarbeiter oder einem Ministerkollegen zu heftig in die Parade gefahren war. Sie konnte gut ausgleichen. So ist sie auch manchen meiner parteipolitischen Gegner gewiss sehr viel einfühlsamer begegnet als ich. In solchen Fällen habe ich dann mitunter am Abend eine kritische Bemerkung zu hören bekommen, und das war gut so.

Nach großen Reden oder Parlamentsdebatten habe ich Loki manchmal um Kritik gebeten, die hat sie dann auch geäußert – zumeist habe ich ihr zugestimmt. Aber insgesamt ist dergleichen ziemlich selten gewesen; denn unsere politischen Grundlinien waren ja die gleichen. Mein Ton allerdings ist für Lokis Ohren manchmal zu scharf gewesen.

Im Rückblick auf die dreizehn Jahre meiner Zugehörigkeit zu mehreren Bundesregierungen muss ich bekennen: Loki ist in diesen Jahren eine unverzichtbare Hilfe für mich gewesen – und für manch anderen auch. Wenn ich ein außenstehender Autor wäre, müsste ich meinen Respekt vor ihrer Leistung zum Ausdruck bringen. Da ich jedoch persönlich betroffen bin, will ich hier stattdessen nur »Danke!« sagen. Dank von ganzem Herzen!

Jedoch das Wort Respekt will ich auch gebrauchen. Mein Respekt gilt vornehmlich der forscherischen Arbeit, die Loki in höherem Alter als Botanikerin in drei Erdteilen geleistet hat. Sie ist nie als Ehefrau des Bundeskanzlers unterwegs gewesen oder später des Bundeskanzlers außer Dienst; sondern immer als Privatperson, immer auch privat bezahlt, oft im Zelt mit anderen Forschern zusammen, von Peru oder Brasilien bis nach Borneo und von Afrika bis in die Antarktis. Dabei hat sie sogar Pflanzen und einen Skorpion entdeckt, die bisher der Wissenschaft nicht bekannt gewesen sind – Respekt! Als ihr die sowjetische Akademie der Wissenschaften für ihre botanische Forschungsarbeit im Kaukasus einen Doktortitel ehrenhalber verlieh, da bin ich sehr stolz auf meine Frau gewesen. Ich bin immer noch stolz auf diese Tochter eines Werftarbeiters, mit der ich seit fast sieben Jahrzehnten verheiratet bin.

Hamburg, im April 2010

Aufstieg aus Hammerbrook

Haben Sie als Ehefrau des Bundeskanzlers bei Besuchen in der Welt der großen Politik manchmal gedacht: Mensch, hier stehe ich, die Hannelore aus der Schleusenstraße in Hamburg-Hammerbrook, und kann mich nur wundern?

Doch, aber nur ganz selten, denn meistens hatte ich bei offiziellen Auslandsreisen und bei Begegnungen mit Staatsmännern oder Monarchen gar nicht die Zeit zum Reflektieren. Da musste ich mich auf die Menschen und auf das Protokoll konzentrieren. Aber im Buckingham Palace in London zum Beispiel, da habe ich einen solchen sentimentalen Anflug erlebt. Man kommt durch einen langen Saal oder einen sehr weiten Flur, wo die Wände links und rechts mit Bildern gepflastert sind, hauptsächlich natürlich mit Ahnenporträts. Die Queen begleitete Helmut und mich zu ihren Empfangsräumen. Da habe ich durchaus gedacht: Schade, dass deine Eltern dich hier nicht langmarschieren sehen, die hätten bestimmt gestaunt und sich gefreut, dass ihre Tochter an der Seite der Königin des Vereinigten Königreichs von Großbritannien und Nordirland durch deren Palast geht.

Wann war es das erste Mal, dass Sie bei einem offiziellen Besuch ein solches Gefühl hatten und an Ihr früheres bescheidenes Zuhause oder an Ihre Eltern dachten?

Ich glaube, das ist mir in dieser Form nur dieses eine Mal so gegangen, bei anderen Gelegenheiten vielleicht noch mal ganz flüchtig. Als Norddeutsche neige ich nun auch nicht so übermäßig zu sentimentalen Anflügen. – In diesem Zusammenhang fällt mir etwas Rührendes ein. Helmut war als Abgeordneter des Bundestags wiedergewählt und 1969 zum Verteidigungsminister der ersten sozialliberalen Koalition ernannt worden, als mein Vater einen Unfall hatte. Er saß schon seit einiger Zeit im Rollstuhl und ist aus irgendeinem Grund damit umgekippt. Meine Mutter konnte ihn nicht aufsammeln, sie war ja nun auch schon alt. Es ist also irgendjemand gekommen, um ihn aufzuheben.

Wie alt war Ihr Vater damals?

Er war siebenundsiebzig. Der Unfall ereignete sich in ihrem kleinen Haus in Neugraben. Er musste dann ins Krankenhaus, weil er sich am Bein verletzt hatte. Während der Behandlung hat mein Vater dem Arzt ins Ohr geflüstert: »Ich bin der Schwiegervater vom neuen Verteidigungsminister.« Normalerweise legte mein Vater keinen Wert auf so etwas, und angeben tat er schon gar nicht. Helmut als Verteidigungsminister muss ihm jedoch sehr imponiert haben, wenngleich mein Vater und meine Mutter mindestens so nüchtern waren wie ich. Leider hat mein Vater nicht mehr erlebt, dass Helmut Bundeskanzler wurde. Meine Mutter hat sich darüber noch freuen können, auch wenn es sie nicht vom Stuhl gerissen hat; sie war damals allerdings schon sehr krank. Helmuts Vater hat die Kanzlerschaft seines Sohnes noch erlebt, doch der hielt sich ebenfalls sehr zurück mit Gefühlsäußerungen.

Mit den Eltern und Tochter Susanne, 1951

Stolz auf ein Familienmitglied, und sei es ein angeheiratetes, das es zu etwas gebracht hat, ist doch etwas ganz Natürliches.

Bei meinen Eltern und meinem Schwiegervater war das auch nicht anders, nur zeigten sie ihren Stolz nicht. Gerade weil es so ungewöhnlich für ihn war, höre ich noch, wie mein Vater mir zaghaft gestand, wie er bei seinem behandelnden Arzt mit Helmut als Verteidigungsminister angegeben hatte. Da habe ich zum ersten Mal gemerkt, dass mein Vater stolz auf seinen Schwiegersohn war. Bis dahin war der Schwiegersohn ja mein ehemaliger Klassenkamerad und nichts anderes gewesen. So hatte er ihn kennengelernt, und so war es auch nach unserer Heirat geblieben.

Wie war das Verhältnis zu Ihren Eltern, als Ihr Mann in die Politik gegangen war und Sie viele zusätzliche Pflichten hatten?

Ich habe meine Eltern natürlich, sooft ich konnte und es bei ihnen ging, besucht. Wir lebten noch nicht in Bonn. Aber dass mein Vater plötzlich des neuen Amtes wegen stolz auf seinen Schwiegersohn war, darüber wundere ich mich bis heute.

Sie sind aber auch ein Mensch, dem Äußerlichkeiten – also Ämter, Paläste, Reichtum, Titel – nicht so sehr imponieren können.

Das kann man so sagen. Das habe ich wahrscheinlich von meinen Eltern übernommen, denen Äußerlichkeiten nicht sonderlich imponierten. Was mich an äußeren Erscheinungen beeindruckt hat und immer wieder beeindruckt, sind architektonisch schöne oder interessante Bauten. Aber ich glaube, das Architektonische ist das, was an erster Stelle steht, und nicht die Pracht. Das Interesse an Architektur teile ich ja auch mit Helmut.

Sie haben nie bei Begegnungen mit den politischen Größen dieser Welt oder bei schwierigeren protokollarischen Aufgaben Komplexe gehabt?

Ich meine, dass mein Selbstbewusstsein nicht so wahnsinnig ausgeprägt war, aber ein einigermaßen gesundes Selbstvertrauen hatte ich schon; habe ich natürlich bereits in der Schule entwickelt, weil ich als Großgewachsene immer die Mädchen verteidigen musste. Das spielt ganz sicher eine Rolle. In meiner frühen Schulzeit musste ich mich immer gegen die Jungs durchsetzen. Und Zehn- bis Zwölfjährige behaupten sich weniger mit dem Kopf als mit den Fäusten. Das ist mir, nachträglich gesehen, sehr deutlich geworden.

Aber diese andere Welt der Politik hat Sie nicht verändert, Ihnen auch keinen Schock versetzt oder Sie nervös gemacht ...

Nervös hat mich das natürlich gemacht. Man wollte sich ja anständig – im Rahmen – benehmen. Man wollte sich passend benehmen und sich nicht blamieren. Das verlangte schon so viel Disziplin, dass man durchaus etwas irritiert sein konnte.

Wo Sie sich bewegt haben, vor allen Dingen bei Auslandsreisen, als Minister- oder Kanzlerfrau, das war zwar eine andere Welt – prächtiger, komfortabler –, aber letzten Endes war sie auch nur von Menschen bevölkert.

Das habe ich sehr schnell gemerkt, und deshalb hat mich diese Umgebung auch nicht allzu sehr beunruhigt. Aber, wie gesagt, konzentriert war ich trotzdem. Und zumindest in den Anfangsjahren meiner Bonner Zeit auch ein wenig nervös, das gebe ich gern zu.

Von den Wohnbezirken Ihrer Kindheit und Jugend haben Sie jedenfalls einen weiten Weg bis in die große, weite Welt zurückgelegt. Welches der Viertel, in denen Sie aufwuchsen, war prägend für Sie: die Schleusenstraße in Hamburg-Hammerbrook oder die Baustraße in Hamburg-Borgfelde?

Weder das eine noch das andere. Prägend waren für mich nicht die Wohnviertel oder die Umgebung dort, prägend für mich war die große Familie. Das war der ganze Clan.

Der wohnte da?

Meine Großeltern haben eine Wohnung mit sieben Zimmern in einem Altbau gemietet, und drei ihrer vier erwachsenen Töchter – zwei davon verheiratet – sind eingezogen. Eine Tochter hat einen Beamten geheiratet; sie haben gleich eine Wohnung bekommen. Aber drei Töchter und eine Pflegetochter wohnten zusammen mit meinen Großeltern.

Dann sind Sie auch gar nicht mit so vielen anderen Menschen, Nachbarn oder Freunden, in Berührung gekommen?

Doch, mit Freunden der Familie bin ich da schon als kleines Kind in Berührung gekommen, denn vor allem meine Großmutter und ihre drei Töchter feierten ja dauernd.

Wie würden Sie die äußere Umgebung beschreiben, in der Sie aufwuchsen?

In der Ecke von Hammerbrook, wo wir wohnten, gab es keinen Baum, keinen Strauch, ja nicht einmal einen Grashalm. Wenn wir mal etwas Grünes erleben wollten, bin ich mit meiner Großmutter an den Hafen gegangen, wo wir von weitem den Hügel über den Landungsbrücken sehen konnten. Aber irgendetwas Pflanzliches gab es in unserer Gegend nicht.

Fühlten sich die Bewohner dieses Viertels als Proletariat?

Mit den Bewohnern des Viertels hatte ich überhaupt nichts zu tun, damals war ich auch noch zu klein. Ich kann mir allerdings nicht vorstellen, dass sich die Menschen dort als Proletariat verstanden, dafür waren die Häuser, in denen sie wohnten, einfach zu bürgerlich. Überlegen Sie mal, diese Riesenwohnung, in der meine Großeltern mit drei erwachsenen Töchtern nebst Ehemännern gewohnt haben, und mit den ersten Enkelkindern – die entsprach von ihren Dimensionen her durchaus bürgerlichen Maßstäben.

Aber so ein Bewusstsein, dass Sie alle einer gleichen Klasse angehören, das gab es nicht …

Ich glaube nicht, dass meine Großeltern und ihre erwachsenen Kinder so etwas empfanden, und viel Umgang mit den Nachbarn oder den Leuten in der Umgebung hatten sie ohnehin nicht – von irgendeinem Klassenbewusstsein ganz zu schweigen; die waren mit sich selbst beschäftigt und ganz zufrieden mit ihrem Leben. Klassenbewusstsein oder gar Klassenkampf stand bei ihnen nicht auf dem Programm.

Wie erklären Sie sich, dass Ihre Eltern Sie auf eine Reformschule geschickt haben? Sie wollten das Beste für Sie …

Das war für meine Eltern das einzig vernünftige Schulsystem, wo die Schüler schon ein wenig zur Selbständigkeit erzogen wurden, wo Eltern und Kinder zusammen arbeiteten und wo es ein Schulheim an der Ostsee gab, das in dieser Zeit – also nach dem Ersten Weltkrieg – von den oft arbeitslosen Vätern aufgebaut worden war.

Das pädagogische Konzept …

… war das, was meinen Eltern entgegenkam. Sie waren gegenüber Erziehungsfragen sehr aufgeschlossen, was ich bei einem Arbeiterehepaar für durchaus bemerkenswert halte.

Sie wollten ihre Kinder weit weg von der Schule alten Stils, mit Gehorsam und Stillsitzen, sehen.

Sie fanden es vor allem gut, wenn Kinder selbständig arbeiteten.

Das gab es auch schon in der Grundschule?

In gewisser Weise ja. Dort wurde sehr viel gebastelt. Das hört sich zu verspielt an …

Heute würde man sagen, die Kinder sollten »kreativ« sein.

Es wurde sehr viel mit der Hand gemacht. Wir brauchten nicht artig auf unseren Bänken zu sitzen, um der Lehrerin zuzuhören.

Hatten Sie damals schon Träume davon, was Sie einmal werden wollten?

Ich glaube, da hatte ich schon den Traum, dass ich Naturforscher werden wollte. Ich wusste allerdings nicht genau, was man darunter zu verstehen hat. Aber zur Natur habe ich mich schon sehr früh hingezogen gefühlt.

Hatten Sie denn irgendeine Ahnung, dass Sie möglicherweise etwas erreichen könnten, was Ihren Eltern – Ihr Vater war Elektriker auf einer Werft, Ihre Mutter gelernte Schneiderin – nicht vergönnt war?

Das Gefühl, dass ich etwas erreichen könnte, was meine Eltern nicht schaffen konnten, hatte ich nicht. Aber mit zwölf Jahren war das Ziel, Naturforscher zu werden, bei mir schon sehr ausgeprägt. Zu Hause jedoch vermisste ich nichts. Bei uns ging es oft fröhlich zu. Es wurde viel gesungen, auch mit Freunden meiner Eltern. Alles, was nur irgend ging, wurde selbst gemacht.

Meine Eltern hatten einmal an der Volkshochschule ein Semester lang Architektur belegt, und mein Vater, der sehr an Architektur interessiert war, ist mit mir durch die Stadt gegangen und hat mir alles erklärt. Ich glaube, mit zwölf etwa konnte ich schon so ungefähr sagen, in welcher Zeit ein Haus oder eine Kirche gebaut worden war.

Meine Eltern gehörten zu einer Arbeiterklasse, die es so heute nicht mehr gibt. Sie waren sehr an ihrer persönlichen Weiterbildung interessiert und gingen, wenn es irgendwie möglich war oder besonders interessante Kurse angeboten wurden, zur Volkshochschule. Obwohl sie arm waren, hatten sie keine Angst vor der Zukunft, sondern waren meist frohen Mutes.

Die Lichtwarkschule hat all das, was bei Ihnen in der Grundschule angelegt war, noch weiter gefördert.

Wobei ich, nachträglich gesehen, sagen muss, dass unsere Grundschullehrerin, mit der meine Eltern später befreundet waren, trotz aller Reformansätze verhältnismäßig konservativ war. Aber das kann man immer erst später beurteilen.

Haben Sie in der Lichtwarkschule dann Kinder aus ganz anderen sozialen Verhältnissen kennengelernt?

Auch, doch nicht nur. Es waren viele Kinder aus ärmlichen Verhältnissen da. Ich schätze, dass in Helmuts und meinen ersten Jahren in der Lichtwarkschule ungefähr die Hälfte Handwerker- und Arbeiterkinder und die andere Hälfte Akademikerkinder waren. Und, um es ganz offen zu sagen: Die Herkunft und häuslichen Verhältnisse interessierten uns Kinder doch sowieso nicht.

Heute wäre das etwas anders, weil die Kinder von wohlhabenderen Eltern beispielsweise anders gekleidet wären.

In meiner Volksschulzeit kamen viele Mütter nachmittags in die Schule und änderten abgelegte Kleider, die man dort gesammelt hatte, sodass auch die ärmsten Kinder noch anständig gekleidet in die Schule gehen konnten. Ich kann mich nicht erinnern, jemals einen Unterschied in der Kleidung festgestellt zu haben. Auch in der Lichtwarkschule hat das in den ersten Jahren keine Rolle gespielt. Das Einzige: Einige Jungs hatten eine Klassenmütze – an der konnte man sehen, in welche Klasse sie gingen. Sie kostete jedoch Geld, und viele konnten sie sich nicht leisten.

Nicht nur für Kleidung, auch darüber hinaus war bei Ihnen zu Hause das Geld immer knapp. Später, als Lehrerin, hatten Sie dann Ihr eigenes Einkommen. Haben Sie mehr verdient als Ihr Vater?

Nein. Ich weiß ja noch, was ich verdient habe. 126,23 Mark. Als Anfängerin. Pro Monat.

Da wohnten Sie noch zu Hause?

Woanders konnte ich gar nicht wohnen. Meine Eltern bekamen jeden Monat von meinem Gehalt hundert Mark. – Nein, das ist nicht ganz richtig, ich brauchte ja eine Monatskarte und außerdem ein bisschen Taschengeld, zum Beispiel für Zigaretten. Ich gab also etwas weniger als hundert Mark zu Hause ab.

Als Sie schließlich Lehrerin und einigermaßen etabliert waren, haben sich bei Ihnen da irgendwelche Karrierewünsche eingestellt? Haben Sie sich gewünscht, einmal Konrektorin oder Rektorin zu werden?

Über meine spätere »Karriere« habe ich mir keine Gedanken gemacht. Wir waren vielleicht auch nicht so karrierebewusst, wie es heute manche Menschen sind. Allerdings war tief in mir immer das Bedürfnis oder die Sehnsucht: Wenn du mal kannst, dann möchtest du in der Welt rumreisen und Naturforscher werden. Da hatte ich aber noch nichts von Alexander von Humboldt erfahren. Als ich das erste Mal ein Buch von ihm oder über ihn gelesen habe, war er natürlich mein Held, der genau das getan hatte, was mir vage als Lebensziel vorschwebte: durch die Welt fahren und dabei neue Erkenntnisse über die Natur gewinnen.

»Bürgerlich bin ich nie gewesen«

Haben Sie Ihre Ehe mit Helmut Schmidt als gesellschaftlichen Aufstieg verstanden?

Das habe ich nie so empfunden. Wir sind beide in der Lichtwarkschule groß geworden, wo die Herkunft der Kinder keine Rolle gespielt hat. Dort kam es darauf an, ob einer intelligent genug war und auch sonst den Anforderungen dieser Reformschule genügte. Nach einem Jahr wurde dann nach diesen Maßstäben entschieden, wer auf der Schule bleiben durfte und wer nicht. Die Herkunft spielte keine Rolle, genauso wenig wie bei meiner Ehe mit Helmut.

Ihr Mann hat gesagt, dass er, als er Ihnen eine vergessene Mütze in Ihre Wohnung gebracht hat, entsetzt gewesen sei über die Wohnverhältnisse Ihrer Familie.

Ich kann mir vorstellen, warum er entsetzt war. Bei ihm zu Hause gab es nämlich ein Elternschlafzimmer, ein Esszimmer, ein Herrenzimmer, wo der große Schreibtisch meines Schwiegervaters stand, und die beiden Jungs hatten je ein Zimmer. Eines war allerdings eine kleine Kammer. Das eine Zimmer war groß genug, sodass derjenige, der darin schlief, dort seine Schularbeiten machen konnte, der andere erledigte sie am Esszimmertisch. Aber meine

Die Eltern Helmut Schmidts Mitte der fünfziger Jahre

Schwiegereltern waren sehr gerechte Eltern. Irgendwann mussten ihre beiden Söhne wechseln, das heißt, der andere bekam dann das Kabuff. Das habe ich sehr deutlich miterlebt und als gerecht empfunden.

Nun war Helmut Schmidt, als Sie geheiratet haben, schon Oberleutnant, und er war der Sohn eines Lehrers, also von seinem Status her durchaus bürgerlich. Aber diese Bezeichnung behagt Ihnen sicherlich nicht.

So ist es. Und noch etwas anderes: Ich habe mir lange den Kopf darüber zerbrochen, warum die Schmidts, diese dem Äußerlichen nach bürgerlichen Menschen, ihre beiden Söhne auf die Lichtwarkschule geschickt haben. Es gibt vielleicht die Erklärung, dass ein Freund des Hauses – ein Maler, auch mit dem Namen Schmidt, aber nicht mit ihnen verwandt – eine Frau hatte, die Lehrerin an einer Reformschule war. Jahre später habe ich mit Reiner Lehberger zusammen einmal eine Ausstellung über die Reformschulen in Hamburg gemacht. Und da habe ich auf einem Bild – Emma hieß sie, glaube ich – Emma Schmidt entdeckt. Sie war also Ende der zwanziger, Anfang der dreißiger Jahre in pädagogischer Hinsicht schon so modern, dass sie die ganze Reformschulzeit als Lehrerin mitgemacht hat. Und Helmut und ich haben vermutet, dass sie das Ehepaar Schmidt dazu gebracht hat, seine beiden Kinder auf so eine moderne Schule zu schicken.

Wie haben denn Ihre und Helmuts Eltern auf Ihre Hochzeit reagiert?

Helmut war inzwischen an der Front in Russland gewesen und heil zurückgekommen. Als er seinen Heiratsantrag machte, hat meine Mutter im Hintergrund gestanden und gegrinst. Mein Vater hat Helmut angelacht und gesagt: »Du kennst sie lange genug, du weißt ja, was du kriegst.«

Und wie haben die Schmidts reagiert?

Die Mutter hat gesagt: »Das habe ich mir schon lange gewünscht.« Mein Schwiegervater äußerte sich ja nicht viel, aber dass er mit unserer Ehe einverstanden war, merkte man ihm an.

Haben Sie als Offiziersfrau Veränderungen in Ihrem Leben festgestellt?

Nicht wirklich. Wahrscheinlich liegt das daran, dass wir nicht plötzlich bürgerlich im herkömmlichen Sinne waren, sondern weiter so gelebt haben wie zuvor, ein bisschen ungeordnet und improvisiert. Außerdem ist im Krieg alles anders. Das darf man nicht vergessen.

Nachdem wir ausgebombt waren, habe ich, um in Helmuts Nähe zu sein, bei einer Tante gewohnt, die eine Wohnung in Berlin-Tegel hatte. Sie war nach Hamburg zu ihrer Mutter geflüchtet, sodass in Tegel ein bisschen Platz war. Allerdings brauchte man von dort bis zu Helmuts Kaserne oben im Norden von Berlin beinahe eine Stunde. Ein Hauptmann, ein Kamerad in Bernau, hat uns daraufhin gefragt: »Wir haben noch eine Kammer frei bei uns. Wollen Sie nicht mit Ihrer Frau dort einziehen?« Seine Frau erwartete genau wie ich ein Kind. Die Selbstverständlichkeit, mit der wir beide aufgenommen wurden – das ganze Offizierskorps in Bernau hat uns freundlich behandelt –, ist etwas, das mich heute noch beeindruckt. Die Kameradschaftlichkeit hat uns im ersten Moment überrascht – dann haben wir uns wohlgefühlt.

Haben Sie später bei bestimmten Gruppen noch einmal ein vergleichbares Miteinander erlebt?

Da muss ich lange überlegen, aber das waren auch andere Situationen. Wir befanden uns nicht mehr im Krieg. In der SPD, auf den unteren Ebenen, hat es eine gewisse Kameradschaft gegeben. Auf eine andere Art.

Nach dem Krieg waren Sie die Alleinernährerin.

Ja, wie es bei vielen verheirateten Frauen meiner Generation der Fall war. Wenn es irgendwie ging, hat man erst einmal die Männer etwas lernen lassen müssen. Darüber wurde gar nicht weiter geredet.

Erst wurden die Männer aufgepäppelt, und dann haben Sie sie etwas lernen lassen ...

Häufig verlief das parallel. Denn natürlich wollten sich viele Männer, wenn sie aus dem Krieg gekommen waren, in die Arbeit stürzen. Es sei denn, sie waren verwundet. Viele der jüngeren Männer mussten auch erst einmal etwas lernen, einen Beruf oder im Studium, denn sie waren ja lange Zeit im Krieg gewesen. Helmut ging im Wintersemester 1945 an die Universität Hamburg und betätigte sich dann auch politisch, als Mitglied des Sozialistischen Deutschen Studentenbundes (SDS). 1947 wurde er SDS-Bundesvorsitzender.

Ich habe nicht gedacht – er übrigens auch nicht –, dass Politik später einmal sein Beruf würde. Da mich seit Kinderzeiten Architektur beschäftigte, fand ich es vielmehr sehr gut, dass er sich ebenfalls für Architektur und Städtebau interessierte und das auch studieren wollte. Wir haben aber schnell festgestellt, dass er zum Architekturstudium nach Hannover gemusst hätte. Und das war zu weit weg und damit zu teuer. So hat er das genommen, was in Hamburg angeboten wurde: Volkswirtschaft.

Nach dem Examen als Volkswirt ist er in Senatsdienste gegangen. Auf diese Art und Weise bewegten Sie sich dann doch auf ein geregeltes Leben zu. Er musste zu bestimmten Zeiten im Büro sein und kam zu bestimmten Zeiten wieder nach Hause. Sie gingen täglich in die Schule.

Doch, vieles verlief geregelter. Im Haus hat er aber nie viel gesessen, öfter hatte er auch in der Partei zu tun. Doch eines hatte sich grundlegend geändert: Als Doppelverdiener hatten wir mehr Geld zur Verfügung, mein Gehalt hatte sich mit unserer Heirat auch erhöht. Ich verdiente da, glaube ich, immerhin 250 Mark im Monat. Natürlich waren Lebensmittel billiger, aber große Sprünge konnten wir mit unserem Geld auch nicht machen. Wir freuten uns, dass wir das Geld für die Miete hatten. Inzwischen waren wir nach Hamburg-Barmbek umgezogen und hatten erstmals eine eigene Wohnung.

Sie haben sich, auch nachdem Sie nun beide einen Beruf hatten, nicht als bürgerlich empfunden?

Dann müssen wir mal definieren, was Sie unter »bürgerlich« verstehen – denn ich glaube, in meinem ganzen Leben bin ich in dem Sinne nicht bürgerlich gewesen.

Ich meine »bürgerlich« als geordnete, absehbare Lebensperspektive; nach bestimmten Maßstäben, Formen und Traditionen die Freuden eines mehr oder minder wohlbestallten, geregelten Lebens genießen.

So etwas haben wir schon gehabt, als Helmut noch studierte. Ich hatte meinen Beruf, und der Krieg war aus, das war das Allerwichtigste. Es konnten keine Bomben mehr fallen, und Helmut und ich konnten nicht mehr auseinandergerissen werden. Das würde ich »geregelte Verhältnisse« nennen. Aber bürgerlich?

Immerhin waren Sie zuvor als Frau eines Offiziers schon als »gnädige Frau« angesprochen worden.

Paul Ullrich, ein Vorgesetzter von Helmut, hat mich vor unserer Heirat als Erster »gnädiges Fräulein« genannt. Ich habe nur gedacht: Haltung bewahren. Das mit der »gnädigen Frau« geschah Jahre später. Der Herr, der mich so ansprach, war Vorsitzender des Elternrats meiner Schule in Hamburg-Othmarschen. Er arbeitete als Protokollchef im Rathaus und begrüßte uns auch immer sehr protokollgerecht: erst die Damen unter den Eltern, dann die Herren, dann die Lehrerin, und dann kam der Lehrer. In dieser Reihenfolge. Als Helmut Senator geworden war, stürzte er sich bei der Sitzung des Elternrats auf mich: »Gnädige Frau«, dann erst kamen die Eltern und dann der Lehrer an die Reihe.

Nachdem Sie nun beide in festen Positionen waren, haben sich da für Sie neue private Kontakte ergeben?

Wir haben keinen neuen Freundeskreis aufgebaut. Zu unseren Freunden zählten nach wie vor ehemalige Studienfreunde oder frühere Klassenkameraden aus der Lichtwarkschule. Damals habe ich gedacht, ich mache meinen Lehrerinnenberuf bis zur Pensionierung, und zur Not können wir später von meiner Pension leben.

Sie fühlten sich beide in Ihrer Heimatstadt Hamburg immer sehr wohl. Haben Sie jemals Sehnsucht gehabt, in einer anderen Stadt zu wohnen?

Obwohl wir eine ganze Zeit in Berlin und Umgebung gelebt haben – nein, eine solche Sehnsucht haben wir nie gehegt, auch wenn es nördlich von Berlin ganz hübsch war. Wir sind dort öfter zu einem bestimmten Punkt gegangen, von dem aus man einen weiten Blick hatte. Einmal haben wir uns sogar gestanden: Das sieht ein bisschen so aus, als wenn man in Blankenese auf die Elbe guckt, und haben beide gegrinst. Dennoch, nach Berlin hat uns nichts gezogen.

Ins Ausland?

Haben wir mal überlegt. Die Möglichkeit ergab sich, als Helmut 1950 im Auftrag des Senats auf einer Messe in Chicago für den Hamburger Hafen warb und anschließend zu Verwandten nach Duluth in Minnesota fuhr. »Onkel August« Hanft riet Helmut, nach Amerika auszuwandern, und bot ihm eine Stelle in seiner Eisengießerei an. Als Helmut zurückkam, haben wir lange überlegt. Ich war von der Idee weniger entzückt als Helmut, obwohl es ja ein tolles Angebot war.

Das wäre ein echter Kontrast zu Hamburg gewesen.

Gelegentlich flachsen wir mal darüber – »Vielleicht wärst du ja Präsident der Vereinigten Staaten geworden …« Da er dazu in Amerika hätte geboren sein müssen, wäre das etwas schwierig gewesen, aber er hätte immerhin Außenminister oder etwas Ähnliches werden können. Wir haben das Angebot, nach Minnesota auszuwandern, jedenfalls abgelehnt.

Erstmals im Rampenlicht

Der erste Schritt in die Bundespolitik: Haben Sie 1953 lange darüber diskutiert, ob Ihr Mann für den Bundestag kandidieren sollte?

Wir haben gar nicht lange diskutiert, denn für Helmut sollte es mal eine neue Erfahrung sein. Vier Jahre Bundestag, und dann wollte er Schluss machen. Ich fand es auch hochinteressant, dass er das mit dem Bundestagsmandat ausprobieren wollte. Und ob ich ihn mir als Politiker vorstellen konnte? Nein, das konnte ich eigentlich nicht. Aber ich hatte Abschied genommen von dem Traum, dass er Architekt werden würde.

Hatte ihm die SPD damals die Kandidatur angetragen?

Ja, und er kandidierte für den Wahlkreis Hamburg-Nord.

War in Ihrem Elternhaus ein Interesse an Politik in Ihnen geweckt worden?

Was Politik anging, waren meine Eltern sehr vorsichtig. Nach ihrer Enttäuschung über die USPD hielten sie sich zurück. Mein Vater war kurze Zeit Mitglied der Unabhängigen Sozialistischen Partei Deutschlands, einer linkssozialistischen Abspaltung der SPD, gewesen, die von 1917 bis 1931 mal mehr, mal weniger erfolgreich existierte.

Meine Eltern hatten zwar eine Vorstellung davon, was sie politisch wollten, vor allem mehr soziale Gerechtigkeit, aber wie Politik funktioniert, davon wussten sie nicht viel.

Es war ja auch schwieriger, sich zu informieren. Fernsehen gab es noch nicht. Radio hatten Sie in Ihrem Elternhaus?

Nein, gab es noch nicht oder nur in den Anfängen.

Eine Zeitung?

Auch nicht. Eine Zeitung war viel zu teuer, wir hatten höchstens hin und wieder mal eine. In meiner Kinderzeit spielte Politik insofern eine Rolle, als meine Eltern mit politisch interessierten Menschen befreundet waren. Damals hat es eine große Hungersnot in der Sowjetunion gegeben, ausgelöst durch das »Kulakenlegen«. Zwischen 1928 und 1937 hat das Stalin-Regime zehn bis 15 Millionen Kulaken, mittlere und größere Bauern, vornehmlich aus der Ukraine, deportiert oder umgebracht. Dementsprechend ist die Produktion von Nahrungsmitteln zurückgegangen. Über diese Hungersnot haben meine Eltern und ihre Freunde geredet und überlegt, wie man da helfen kann, obwohl wir selbst nichts hatten.

Haben die Eltern helfen können?

Im Freundeskreis wurden Pakete mit Nahrungsmitteln gepackt. Damals war mein Vater zwar noch in Lohn und Brot, aber ich weiß, dass er nicht viel verdiente.

Haben Sie dann später in Ihrer Ehe häufiger über Politik diskutiert?

Wir hatten kaum Zeit dafür, denn wir hatten beide viel zu tun. Als Helmut nach Bonn in den Bundestag ging, blieb noch weniger Gelegenheit, politisch miteinander zu diskutieren. Ich war ohnehin immer unter Druck als Lehrerin, die ihren Beruf sehr ernst nahm, die sich keine Putzfrau leisten konnte und ein Kind versorgen musste. Viel Zeit und Kraft, um mich intensiv mit Politik zu beschäftigen, blieb daher nicht.

Als Ihr Mann für den Bundestag kandidierte, war Ihnen da bewusst, dass ihn die neue Aufgabe völlig in Beschlag nehmen könnte?

Das war zuvor weder ihm noch mir bewusst. Vier Jahre wollte er im Bundestag sein, aus Neugier sozusagen …

Aber was das bedeutete an Arbeit und Präsenz …

Das war uns beiden nicht klar.

Das ist Ihnen sicher schnell klar geworden?

Schon deshalb, weil ich meinen Mann kaum noch gesehen habe. Er musste natürlich viel in Bonn sein, und die Verbindung von dort nach Hamburg war noch nicht so schnell und problemlos wie heute.

Wie war damals Ihr Verhältnis zur SPD?

Darüber habe ich mir keine großen Gedanken gemacht. Ich war nur der Meinung, wenn ich einmal in eine Partei eintrete, muss ich auch etwas für sie tun, und da ich vollauf beschäftigt war, habe ich es gelassen. 1961 bin ich dann aber tatsächlich in die SPD eingetreten, und das geschah folgendermaßen: Unser Kreisvorsitzender, den ich sehr schätzte, besuchte mich eines Tages und fragte: »Hast du einen Schnaps im Haus?« Ich habe ihn erstaunt angeschaut, und er forderte mich auf: »Schenk mal zwei

Gläser ein!« Ich glaube, wir hatten noch Cognac im Haus – viel Alkohol tranken wir ja nicht. Dann sagte er: »Hier habe ich die Parteibeitrittserklärung, die wirst du jetzt unterschreiben, und dann trinken wir darauf.« Danach hat er mir erzählt, dass er aufhöre, Kreisvorsitzender zu sein, aber das wolle er noch erreichen, dass ich in die Partei eintrete. Ich bin also mit Hilfe eines Cognacs gezwungen worden, in die Partei einzutreten … Er hat mir übrigens klargemacht: »Ich will ja nur, dass du eintrittst, du musst nicht groß mitarbeiten. «Das kann ich auch nicht«, habe ich ihm geantwortet, denn ich muss mich um fünfzig Kinder in meiner Klasse kümmern, und zu Hause habe ich auch noch eins.

Ich habe damals übrigens noch eine ganze Reihe von Kindern unterrichtet, die mit ihren Familien in Nissenhütten wohnten und mit denen ich mich besonders intensiv beschäftigen musste. Das waren Ausgebombte und Flüchtlinge. Unter den Bewohnern der Nissenhütten – halbrunde Baracken aus Wellblech, die uns die britische Besatzungsmacht beschert hatte – gab es sehr unterschiedliche Menschen. Ich erinnere mich beispielsweise an eine Arztfrau, die mit ihren beiden Kindern dort wohnte. Ihr Mann war als Soldat vermisst. Sie wusste nicht, ob er noch lebte. Deren Jungs habe ich Rundstücke gekauft und mit Butter bestrichen, damit die beiden mal ein anständiges Frühstück bekamen. Sie hat mich später umarmt und geheult. Unter solchen Umständen überlegt man sich natürlich nicht lange, ob man idealistischerweise noch irgendwo anders, zum Beispiel in einer Partei, mitmachen will.

Beim Bundestagswahlkampf für Ihren Mann waren Sie demnach nicht beteiligt?

Nur wenig. Ich musste für die Schule arbeiten und mein Haus versorgen.

Als Bundestagsabgeordneter war Ihr Mann sehr erfolgreich und wurde bald schon zu einem profilierten Politiker und Redner – gelegentlich auch »Schmidt-Schnauze« genannt. Wie haben Sie diese Bezeichnung für Ihren Mann empfunden?

Die habe ich nicht für besonders freundlich gehalten, aber man konnte ja nichts machen. Das Wort war nun einmal in der Welt und ließ sich nicht mehr wegradieren.

Wie fand er den hart klingenden Beinamen?

Das kann ich Ihnen nicht sagen. Ich vermute aber, dass er das Anerkennende, das auch in dieser Bezeichnung mitschwang, wahrgenommen hat. Jedenfalls war das bestimmt kein Gesprächsthema zwischen uns.

Ihr Mann hat in den fünfziger Jahren schnell in der SPD Karriere gemacht und wurde Mitglied des Bundesvorstands. Haben Sie vor seiner Wahl in dieses Gremium mit ihm darüber gesprochen?

Das hat er mir so nebenbei gesagt. Das war irgendwo beschlossen, und darüber wurde nicht lange diskutiert.

Er hat Sie auch nicht um Rat gefragt?

Nein. Ich habe ihn auch nicht um Rat gefragt, wenn es bei mir im Schuldienst irgendwelche Fragen gab.

Haben Sie Ihren Mann gelegentlich in Bonn besucht, als er Bundestagsabgeordneter war?

Helmut Schmidts Bonner Büro als Bundestagsabgeordneter, 1958

Das konnte ich höchstens in den Ferien. Und die Oster- und Pfingstferien, auch die Herbstferien waren zu kurz für eine solche Reise. Außerdem hatte sich immer so viel im Haushalt angesammelt … Es gab zwar die ersten Nylonhemden und -strümpfe, was die ganze Arbeit erleichterte, aber trotzdem: Das Erste, was anstand, wenn es kurze Ferien gab, war die große Wäsche und das große Saubermachen.

Haben Sie bei Ihren Bonn-Besuchen in den Sommerferien schon Politiker kennengelernt?

Natürlich habe ich irgendwelche Leute kennengelernt, aber die Namen kann ich Ihnen jetzt nicht mehr nennen. Und wenn, bin ich ohnehin immer nur ein bis zwei Tage dort gewesen. Allein die Tatsache, dass man in Bonn für mich ein Zimmer brauchte, weil Helmuts zu klein war oder er es mit einem anderen teilte, war ein Problem. Später hatte Helmut ein großes Zimmer, da konnte ich mit bei ihm im Bett schlafen. Auch sein Büro war winzig, und es saß noch ein anderer Bundestagsabgeordneter darin, Karl Wienand. Wenn ich mal kam, musste einer der beiden aufstehen, damit ich mich seitlich am Schreibtisch vorbeidrängen konnte, um den Gästestuhl zu benutzen.

1961 kam er dann zurück nach Hamburg und wurde Innensenator. Das war doch eine feine Sache?

Das war natürlich eine schöne Sache, da war die Familie wieder vereint.

Er bekam ein anständiges Gehalt …

Trotzdem reichte es nur für eine Haushaltshilfe einmal die Woche. So viel Geld bekam er nicht.

Für Sie als überzeugte Hamburgerin muss es doch sehr befriedigend gewesen sein, dass Ihr Mann Mitglied des respektierten Senats wurde?

Ich habe ihn eigentlich immer für etwas Besonderes gehalten. Dass er ein bisschen mehr im Kopf hatte als die meisten anderen – das merkte man ja schnell. Dass er Senator wurde, hat mich natürlich sehr gefreut.

Sie hatten ihn auch häufiger zu Hause, als er Innensenator war.

Jedenfalls über Nacht.

Was bedeutete es für Sie, Gattin des Innensenators zu sein? Mussten Sie sich auch gelegentlich gesellschaftlich betätigen?

Beispielsweise beim Hamburger Presseball. Da habe ich dann Bemerkungen gehört, wie ich sie nicht gewohnt war über mich. Helmut muss zu jener Zeit schon einmal in Japan gewesen sein, was er da gemacht hat, weiß ich allerdings nicht mehr. Jedenfalls hat er mir ein Stück grüne japanische Seide mitgebracht, und daraus haben meine Mutter und ich ein enges Kleid für mich genäht. Allerdings ging es nur bis über die Knie, mehr Stoff war nicht da. Mit Bundstehkragen. Für die Arme war auch kein Stoff mehr da, aber solche Abendkleider konnte man ohne Ärmel tragen. Meine Arme konnten sich auch noch sehen lassen. Beim zweiten Presseball, also ein Jahr später, habe ich es natürlich wieder angezogen, das war ja mein Ausgehkleid. Da hörte ich auf einmal: »Ihr Kleid ist entzückend, das habe ich voriges Jahr schon gedacht.« Das hat eine Frau zu mir gesagt, und ich musste erst mal trocken schlucken.

Ich habe dann irgendetwas Freundliches erwidert. Mit solchen Bissigkeiten umzugehen muss man ja auch erst einmal lernen ... Das gehört dazu, wenn man sich in den sogenannten besseren Kreisen bewegt oder qua Amt des Mannes bewegen muss.

War die boshafte Dame aus diesen Kreisen?

Wahrscheinlich, aber genau kann ich es nicht mehr sagen. – Ich habe auch gelernt, dass man als Frau bei Auftritten im Rathaus einen Hut aufhat. Also habe ich mir einen Hut gekauft, den ich bei Empfängen aufsetzte. Diese Etikette war etwas, was ich vorher nicht kennengelernt hatte.

Obwohl Sie zu Ihrer Hochzeit auch einen Hut aufhatten.

Da hatte ich selbstverständlich einen großen, wunderschönen Hut auf. Aber bei Empfängen in Hamburg hatten die Frauen mit Hut zu erscheinen. Das habe ich dann alles ausführlich und gründlich gelernt. Natürlich musste der Herr Senator nebst Gattin gelegentlich bei Empfängen erscheinen. Das ist auch so eine Sache, die ich damals gelernt habe, dass man zu Empfängen geht, weil man gesehen werden muss oder weil man gesehen werden sollte.

Ein Vergnügen war das meistens nicht?

Das waren Pflichtveranstaltungen.

Damals wurde noch sehr auf äußere Erscheinung, auf protokollgerechtes Verhalten geachtet.

So wie heute bei Empfängen, dass da auch mal ein Mann ohne Schlips erscheint, das wäre damals undenkbar gewesen.

Die angenehmeren Aufgaben einer Politikergattin:
Schiffstaufe in Hamburg, 1968

Repräsentationspflichten:
Beim Bonner Presseball 1967 trug man noch Frack

Nach der Hamburger Sturmflut vom 16./17. Februar 1962 war Helmut Schmidt plötzlich bundesweit politisch ein Begriff. Auf einmal hatten Sie einen »Helden« in der Familie. Wie hat sich das auf Ihre Freunde und Ihre persönliche Umgebung ausgewirkt?

Heute wäre das natürlich eine große Geschichte, und die Medien überschlügen sich. Damals hat man wegen Helmuts Leistung bei der Bewältigung der Sturmflut noch nicht so viel Theater gemacht. Außerdem ist es doch selbstverständlich, dass jemand auf seinem Platz das leistet, was er leisten kann. Helmut kam sicher zugute, dass er als ausgewiesener Sicherheitspolitiker und Reserveoffizier gute Verbindungen zum Militär und zur Nato hatte. Als er den ihm bekannten Offizieren, wie dem Oberkommandierenden der Nato, Lauris Norstad, und dem deutschen Admiral Bernhard Rogge, klargemacht hatte, dass wir in Hamburg Hilfe, Soldaten, Hubschrauber, Sturmboote brauchten, haben die sofort reagiert. Dass die ihn ernst genommen haben, weil sie ihn kannten und wussten, dass er keinen Quatsch redet, war ein großes Glück.

Dass Helmut sich dann über manches hinweggesetzt hat, um schnell zu helfen, ist selbstverständlich. Er hat sich weder nach irgendwelchen Hamburger Gesetzen noch nach hierarchischen Regeln gerichtet, sondern das getan, was er für richtig hielt. Das war vielleicht ein bisschen mehr, als jemand anders getan hätte ... Ich glaube, eine große Rolle spielte, dass er sich sofort seine Verbindungen zum Militär durch den Kopf hat gehen lassen, andernfalls hätte er die ausländischen Soldaten und Hubschrauber nicht hierher bekommen. Er hatte viele Verbindungen bei einer Wehrübung in den fünfziger Jahren geknüpft, für die er

Kurze Rast auf einer russischen Landstraße

seinerzeit von seinen Genossen hart kritisiert worden war. Aber sie hat sich in dieser Situation bezahlt gemacht.

Und er konnte gut organisieren und war entschlussfreudig.

Das waren die beiden Eigenschaften, die geholfen haben.

Mussten Sie in diesem Zusammenhang auch Interviews geben?

Die Presse spielte längst nicht die Rolle, die sie heute spielt. Und mich haben sie in Ruhe gelassen. Aber noch ein Nachklang zur Sturmflut: Ich hatte zu jener Zeit einen Fensterputzer. Der kam immer sonntagmorgens, auch ein paar Tage nach der Sturmflut. Die Fensterscheibe, die nach Süden ging, war verkrustet. Man konnte das nur abkratzen – das war Salzkruste. Der Sturm muss so heftig gewesen sein, dass Salzwasser an meine Scheibe gekommen ist. Es gab auch plötzlich Vögel hier, die sonst weit weg zu Hause waren.

Was hat der Rummel nach der Sturmflut für Ihre Tochter Susanne bedeutet?

Sie hat nicht viel dazu gesagt und ist auch in der Schule nicht auf die Rolle ihres Vaters bei der Bewältigung der Katastrophe angesprochen worden.

Vier Jahre nach der Sturmflut haben Sie 1966 gemeinsam mit Ihrem Mann, Ihrer Tochter und einem Referenten in einem Opel Rekord eine Tour durch den Ostblock unternommen, die heute sehr abenteuerlich anmutet.

Willy Brandt hatte Helmut zu dieser Reise ermuntert, weil die Beziehungen zum Ostblock immer noch stark unterkühlt waren und er sich von Helmuts Tour neue

Die Gesamtkollektion der Rosenthal-Teller

Einsichten und Kontakte versprach. Zur Vorbereitung haben Susanne und ich hier zu Hause Privatstunden in Russisch genommen. Helmut hat sich drauf verlassen, dass wir dort Frühstück und Abendessen bestellen und nach dem Weg fragen konnten. Wir waren übrigens nicht nur in Russland – damals Sowjetunion –, sondern auch in der Tschechoslowakei und in Polen. Am interessantesten aber war natürlich Russland. Wir waren sehr beeindruckt, wie freundlich uns die Menschen auf der Fahrt begegneten. Ausländische Touristen waren damals auf dem Land natürlich eine Sensation. An den offiziellen Reiseplan, der uns vom Moskauer Tourismusbüro vorgegeben worden war, haben wir uns nicht immer gehalten. Wir sind auch gelegentlich in die ärmlichen Schänken am Wege eingekehrt. Wenn Susanne und ich nach der Toilette fragten, haben sie uns gesagt: »Dahinten …«, und wir landeten dann meist auf einem Donnerbalken im Wald.

In Moskau und Leningrad hat Helmut politische Gespräche geführt und war mit den Ergebnissen ganz zufrieden; es gab damals nicht so häufig Gelegenheit, mit Politikern der Sowjetunion zu reden, deshalb waren Helmuts neue Kontakte wichtig. Susanne und ich haben uns die Städte angesehen und sind mit unserem unterentwickelten Russisch ganz gut zurechtgekommen.

Während der Großen Koalition wurde Ihr Mann dann Vorsitzender der SPD-Bundestagsfraktion, und damit einer der einflussreichsten Politiker der Republik. Waren Sie stolz auf seine Karriere?

Die Hauptsache war doch, dass er seine politische Arbeit ordentlich machte. Ich glaube, Helmut wird von manchen falsch eingeschätzt. Es ist ihm ja niemals um sich selbst gegangen. Unlängst hat er in einem Interview gesagt: »Ich habe doch nicht an meine Partei gedacht, sondern an unser Land.« Und wenn er das sagt, dann können Sie es ihm auch glauben.

Hat er häufiger mit Ihnen über Politik geredet, als er Fraktionsvorsitzender war?

Doch, das haben wir häufiger getan. Aber ich hatte schon angefangen, etwas für den Naturschutz zu tun. Ab 1969 habe ich zum Beispiel die von mir mit Pflanzen bemalten Rosenthal-Teller verkauft, und vor allen Dingen habe ich den Leuten erzählt, warum ich das mache, und damit lange vor dem Erscheinen der Grünen auf der politischen Bühne für die Natur geworben.

Sie waren für Ihren Mann auch so etwas wie Volkes Stimme.

Genau das.

Hat er auch darauf gehört?

Wenn Volkes Stimme ihm etwas gesagt hat? Zugehört hat er auf jeden Fall. Da ich aber meistens, wenn ich ein Problem begriffen hatte, seiner Meinung war, brauchten wir nicht lange zu diskutieren.

Er war in Bonn, und Sie waren hier, in Hamburg. Manchmal haben Sie ihn wahrscheinlich im Fernsehen gesehen, in den Nachrichten?

Als Erstes muss ich sagen, dass wir uns erst sehr spät einen Fernseher zugelegt haben. Ich fand, das war nicht nötig. Als die Kinder in der Schule mich aber immer häufiger fragten, ob ich dies oder das im Fernsehen gesehen hätte, da mussten wir auch ran. Aber ob und wie ich Helmut als

Fraktionsvorsitzenden im Fernsehen erlebt habe, kann ich nicht mehr erinnern. Ich war übrigens nicht nur mit dem Fernsehen spät dran; auch das Autofahren habe ich erst mit neunundfünfzig Jahren gelernt. Aber der Führerschein war für mich die einzige Möglichkeit, gerade an Wochenenden, wenn Helmut in Bonn oder anderswo für die Politik unterwegs war, mobil zu sein.

Harte Arbeit auf dem Bonner Parkett

Als Ihr Mann 1969 Bundesverteidigungsminister wurde, sind Sie nach Bonn gezogen. Wie war damals Ihr Verhältnis zu dieser kleinen Stadt am Rhein?

Ich hatte eine vage Vorstellung von der kleinen Stadt Bonn. Ich war zwar schon einige Male dort gewesen, aber immer nur kurz. Deshalb kannte ich die Bundeshauptstadt nicht besonders gut.

Während der Ministerzeit Ihres Mannes haben auch Sie in Bonn einen ständigen Wohnsitz genommen.

Wir haben dort keinen ständigen Wohnsitz genommen. Das brauchten wir nicht, weil dem Verteidigungsminister auf der Hardthöhe – einem Ortsteil der Stadt Bonn, in dem heute noch ein Teil des Bundesverteidigungsministeriums angesiedelt ist – ein riesiger Bungalow zur Verfügung stand. Wir sind aber nicht gleich eingezogen, denn der Vorgänger im Ministeramt, Gerhard Schröder von der CDU, und seine Frau hatten noch keine neue Wohnung gefunden. Wir haben ihnen ein wenig Zeit gelassen.

Wo haben Sie während dieser Phase gewohnt?

In einem Hotel. Ich bin damals auch noch nicht ständig in Bonn gewesen, da ich in Hamburg noch einiges mit der

Der Weg zum Wahllokal in Hamburg-Langenhorn führte vorbei an einem Plakat mit dem Slogan der SPD für die Bundestagswahl 1969

Helmut Schmidt, umrahmt von Gattin und Tochter,
auf dem Hamburger Presseball, 1970

Schulbehörde abzuwickeln hatte. Als ich später dort sagte: »Ich bleibe jetzt bei meinem Mann in Bonn«, hat die mich allerdings richtig freundlich rausgeschmissen. So etwas wäre heutzutage unmöglich.

Wie gefiel Ihnen dieser Bungalow des Verteidigungsministers?

Der Bungalow auf der Hardthöhe war für damalige Verhältnisse modern und sehr geräumig. Ich hatte von Anfang an viel zu tun, nicht nur in unserem Haushalt, sondern auch im Zusammenhang mit dem Ministerium. Erkundet habe ich Bonn höchstens nebenbei.

Aber es war schon ein Kontrast zu Hamburg?

Das kann man überhaupt nicht vergleichen. Nun hatte ich schon als Besucherin ein bisschen von der Stadt gesehen, als ich 1942 bei Helmuts zuständigem General um die Heiratserlaubnis gebeten hatte; damals musste man als angehende Offiziersfrau eine solche Prozedur über sich ergehen lassen.

Gattin eines Ministers zu sein war für Sie eine neue Rolle. Haben Sie vorher Leute gefragt, wie man sich in einer solchen Position verhält?

Da war mein Selbstbewusstsein – vielleicht durch die Schule, durch die wir gegangen waren, und auch durch die Zeit an der Seite eines Hamburger Senators – groß genug.

Mussten Sie beispielsweise Ihre Garderobe aufstocken?

Für feierliche Anlässe habe ich mir natürlich zusätzlich etwas kaufen müssen in Bonn, aber meine Garderobe habe ich nicht sonderlich vergrößert. Manches Mal später, wenn ich den Journalisten eigentlich den Naturschutz und mein Interesse daran verkaufen wollte, habe ich gedacht: Davon wollt ihr nichts wissen. Wenn ich aber gesagt hätte, ich kaufe mir heute ein Abendkleid in der Bonner Innenstadt, dann wärt ihr dabei, vor allem natürlich die Fotografen.

Hatten Sie sich vor Ihrem Umzug an den Rhein die Namen der wichtigsten Leute im Ministerium gemerkt?

Im Verteidigungsministerium habe ich schnell zwei Gruppen ausgemacht: die Alten, die noch den Krieg mitgemacht hatten, und die etwas jüngeren Nachkriegssoldaten.

Ihr Mann hatte zuvor das Amt des Vorsitzenden der sozialdemokratischen Bundestagsfraktion inne. Das hat er sehr gern ausgeübt und war dann von seiner Partei 1969 richtiggehend bedrängt worden, das Bundesverteidigungsministerium zu übernehmen. Er tat das, wie er damals sagte, »mit bleiernen Gliedern«. Haben Sie ihm bei diesem Übergang raten oder ihn trösten können?

Raten konnte ich nicht. Man kann keine Ratschläge geben, wenn man von einer Sache – in diesem Fall eben die Verteidigungs- und Sicherheitspolitik – überhaupt nichts versteht. Ob es für Helmut ein Trost war, weiß ich nicht, aber was ich deutlich erinnere: Ich habe ihm zur Amtsübernahme eine Esskastanie geschenkt. Es war für uns beide neu, dass Esskastanien in dem anderen Klima, das in Bonn herrscht, richtig reif werden. Die Kastanie habe ich ihm sehr feierlich überreicht und gesagt: »Außen ist sie stachelig, vielleicht hat sie ja einen angenehmen Kern.« Übrigens hat Helmut seinem Nachfolger als Verteidigungsminister, dem Sozialdemokraten Georg Leber, 1972 diese inzwischen sehr vertrocknete Kastanie weitergegeben.

Es war doch sehr beruhigend für Sie zu wissen, dass Ihr Mann im Ministerium bald vertraute Menschen wie Willi Berkhan und Johannes Birckholtz als Staatssekretäre um sich hatte.

Die waren noch nicht von Anfang an da, erst etwas später. Eigentlich bin ich sogar sicher, dass Helmut sie berufen hat. Er hat sich die Vertrauten ausgesucht, und sie sind gekommen.

Willi Berkhan war ein alter Studienfreund. Und Birkholtz?

Birkholtz war Helmuts Staatsrat als Hamburger Senator gewesen.

Die Berkhans hatten auch ein Haus am Brahmsee.

Unser Haus – besser gesagt, so etwas wie eine Gartenlaube – haben wir 1958 gekauft; Berkhans haben später ein festes Haus gebaut. Wir kannten uns aber schon viel länger. Die Freundschaft zwischen Helmut und Willi Berkhan hatte während ihres Studiums gleich nach dem Krieg begonnen.

Ein weiterer Staatssekretär im Ministerium Ihres Mannes war Ernst Wolf Mommsen, den Sie vorher nicht gekannt hatten.

Ernst Wolf Mommsen hatte eine Führungsposition in den fusionierten Röhrenwerken von Thyssen und Mannesmann und war zuvor in anderen hohen Funktionen der deutschen Schwerindustrie tätig gewesen; er galt als einer der bekanntesten und angesehensten Manager der Bundesrepublik. Als mein Mann mich mit ihm bekannt machte, verlief das so: Man sieht jemanden, unterhält sich zwei Minuten und stellt fest, dass man miteinander

Mit einer kleinen Hütte fing es 1958 am Brahmsee an

kann. Wir haben uns gut verstanden. Mommsen wollte kein Gehalt für seine Aufgabe als Staatssekretär haben, weil er eine dicke Pension bekam. Wir haben abgemacht: Er erhält für seine Arbeit im Verteidigungsministerium eine Mark im Jahr. Ob wir das schriftlich oder mündlich vereinbart haben, weiß ich nicht mehr. Für solche Beträge gibt es jedoch keine staatliche Kasse, also bekam Ernst Wolf Mommsen jedes Jahr sehr feierlich ein von mir blankgeputztes Einemarkstück aus meiner Haushaltskasse in die Hand gedrückt. Die Übergabe fand im Bungalow des Verteidigungsministers statt.

Waren bei der Entlohnung Journalisten anwesend?

Nein. So feierlich war es dann auch wieder nicht. Aber es war immer wieder lustig.

Man kann sich das heute nicht mehr vorstellen, aber die Bundeswehr umfasste 1970 einschließlich der Zivilkräfte 640000 Menschen – ein riesiger Apparat mit vielen Problemen und internen Spannungen. Haben Sie Ihrem Mann auf irgendeine Weise helfen können, seine schwierigen Aufgaben zu meistern?

Ich habe versucht, den Feierabend friedlich zu halten. Das ist das Einzige. Mich einmischen, Frau Kommandeurin spielen, das hat mir noch nie gelegen.

Sie haben dafür gesorgt, dass er entspannen konnte, wenn er nach Hause kam.

Das ist zu theatralisch. Häufig war es auch nicht Entspannen, sondern es reichte, wenn jemand da war, der ein offenes Ohr hatte. Dadurch habe ich natürlich viel mitbekommen. Ich kann mich nicht erinnern, dass ich gezielt gefragt hätte, sondern ich habe gewartet, bis er sich seine Probleme von der Seele redete.

Wenn er nach Hause kam und sich geärgert hatte, dann konnte er das bei Ihnen loswerden.

Ja. Aber so viele Ärgernisse oder freudige Ereignisse, die er unbedingt bei mir hätte unterbringen wollen, gab es nun auch wieder nicht bei der täglichen Arbeit im Ministerium.

Über die ungeheure Arbeitslast der führenden Männer, die zu jener Zeit mit der Bundeswehr zu tun hatten, haben Sie unter anderem mit der Ehefrau des damaligen Generalinspekteurs de Maizière gesprochen.

Ich wurde von ihr in ihre Privatwohnung zitiert. Sie machte mir sehr schnell und sehr energisch klar, dass es so nicht weitergehen könne. Ihre Männer – das heißt, die Hardthöhenmänner – seien es gewohnt, um 17.00 Uhr Feierabend zu haben, und jetzt müssten sie manchmal bis tief in die Nacht im Ministerium sitzen. Derartige Arbeitszeiten und Belastungen habe es im Verteidigungsministerium noch nie gegeben, das sollte ich meinem Mann sagen. Sehr energisch habe ich erwidert, ich könne mich da nicht einmischen, ich könne meinem Mann doch nicht Vorschläge unterbreiten, wie er seine Aufgaben zu erledigen habe und was er seinen Mitarbeitern abverlangen solle.

Kurz nach diesem Gespräch erzählte mir Frau de Maizière, sie wolle einen privaten Malkurs besuchen. Ich habe sie darin sehr bestärkt. Später zeigte sie mir auch ihre ersten kleinen Buntstift- und Aquarellbilder, die damals noch brav und bieder waren. Doch irgendwann kündigte sie an: »Jetzt gehe ich in einen Töpferkurs.« Kurz darauf schenkte sie mir eine erste Figur, die sie ganz gut fand,

Mit Brigadegeneral Carl-Gero von Ilsemann

und sagte, das sei die »Blumenpflückerin«. Ich hatte ihr zuvor erzählt, dass ich mich privat für die Erhaltung der Natur einsetze. Diese Blumenpflückerin war zwar anatomisch nicht ganz überzeugend, aber sie hatte sie trotzdem brennen lassen. Ich habe sie lange Zeit aufbewahrt und bei irgendeiner, Jahrzehnte späteren Gelegenheit Frau de Maizière zurückgeschickt, worüber sie sich sehr gefreut hat. Da war sie längst eine anerkannte Bildhauerin.

Ich habe sie also als eine richtige »Kommandeuse« kennengelernt und war wild entschlossen, sie nicht nett zu finden. Aber schon bei der ersten Begegnung und bei vielen weiteren Gesprächen sind wir bei der Kunst gelandet und haben uns gut verstanden. Sie ist eine großartige Künstlerin geworden, die einen Gießer in Köln fand, der ihre großen Figuren gegossen hat. In manchen Bad Godesberger und anderen Kirchen sowie auf Kinderspielplätzen stehen ihre Figuren. Bei Eva de Maizière konnte ich verfolgen, wie sich aus »Ich mache einen Malkurs« über das Kneten mit Lehm und das Brennen eine Künstlerin entwickelte. Und das alles hat sie in einem reifen Alter geschafft. Ich finde diese Entwicklung hochinteressant.

Hat sie versucht, Sie mitzuschnacken in diese Mal- und Töpferkurse?

Sie hatte wohl das Gefühl, dass ich über diese Stufe hinaus war. Sie wusste, dass ich als Kind immer gemalt und dass meine Schwester eine richtige Töpferlehre gemacht hatte.

Welche Pflichten brachte das Amt für Sie mit sich?

Man bekommt ja keine Liste in die Hand mit dem, was man zu tun hat. Das zeigt sich erst nach und nach. Was ich zu Anfang nicht übersehen konnte, was sich aber sehr

Damenprogramm in Washington, 1969

schnell zeigte, war, dass das Verteidigungsministerium ein großer »Verschiebebahnhof« ist, wie ich es immer genannt habe. Es gab viele Versetzungen. Die Militärs wurden so schnell versetzt, dass sie beinahe von einem Tag auf den anderen einen neuen Dienst an einem anderen Ort antreten mussten. Die Ehefrauen der Offiziere, die ich in Bonn kennenlernte, waren alle auf solche plötzlichen Wechsel eingestellt. Sie wussten, dass sie, wenn der Mann irgendwohin beordert wurde, den Umzug zu organisieren hatten. Nachdem sich die Männer schon ein bisschen in Bonn eingearbeitet hatten, kamen die Frauen mit den Kindern hinterher.

Den Frauen zu helfen, deren Männer nach Bonn abkommandiert worden waren, war meine erste wichtige Aufgabe. Um sie dabei zu unterstützen, sich in der neuen Umgebung zurechtzufinden, hatte ich Listen mit den Adressen von Schulen, Apotheken, Ärzten oder vom Wohnungsamt in Bonn zusammengestellt. Ich hatte auch immer Verbindungen zu Ämtern, bei denen ich nach freien Wohnungen fragen konnte. Jedenfalls ist es bestimmt nicht übertrieben, das Bundesverteidigungsministerium als Verschiebebahnhof zu bezeichnen.

Da ging es aber meistens um höhere Chargen.

Meistens waren es höhere Offiziere, die nach Bonn versetzt wurden.

Schon bald wurden Sie vom Ministerium mit protokollarischen Aufgaben eingedeckt.

Das Protokoll wollte schon sehr schnell etwas von mir. Kurz nachdem ich in Bonn ansässig geworden war, hieß es: Hier ist eine Gästeliste für unser Sommerfest, das dann und dann stattfindet. Bevor ich viel fragen konnte, war der Beamte wieder weg. Ich kannte so gut wie keinen der Namen, die auf der Liste standen. Da das Fest schon vierzehn Tage später stattfinden sollte, konnte ich nicht mehr viel machen. Ich habe nur beim Protokoll angefragt, wer die Liste zusammengestellt habe, und klargemacht, dass ich beim nächsten Mal die Auswahl der Gäste mit bestimmen wolle. Als Nächstes wurde mir mehr oder minder höflich mitgeteilt, es sei auf der Hardthöhe üblich, dass die Frauen der Führungskräfte im Ministerium von der Frau des Ministers zu einem frühen Adventskaffee eingeladen würden. Bislang waren dazu immer nur die Offiziersfrauen gebeten worden. Deshalb sagte ich den Leuten vom Protokoll: »Das machen wir dieses Mal anders. Dieses Jahr werden alle weiblichen Angestellten der Verteidigung mit eingeladen.« Das waren ungefähr siebzig Damen.

Anschließend habe ich mich nach dem Musikkorps erkundigt und darum gebeten, mir mal den Chef nach Hause zu schicken. Ein mittelalterlicher Herr kam, und ich fragte ihn, ob er nur Bläser in seinem Musikkorps habe oder auch Streicher. »Natürlich können die alle auch ein anderes Instrument spielen«, sagte er. Ich erklärte ihm, dass es um die Musik für den Adventskaffee der Damen ginge, und fragte, ob sie vielleicht eine Suite von Bach spielen könnten. Daraufhin machte er große Augen und strahlte: »Natürlich können wir das. Die Musiker werden sich freuen!« – »Spielen Sie auch *Es kommt ein Schiff geladen*«? – »Ja, sicher«, sagte er. – »Da gibt es doch bestimmt irgendwo einen vierstimmigen Satz?« – »Nein, den mach ich!«, stellte er klar. Ich habe die Musiker dann einmal bei der Probe besucht. Man merkte nicht mehr, dass sie disziplinierte Soldaten waren, sie waren einfach Musiker, glücklich und begeistert. Die Musik bei unserem Kaffeekränzchen war dann auch richtig schön, die Musiker waren froh, mal etwas anderes als Militärmusik spielen zu können. Unter diesen Umständen fiel es mir auch verhältnismäßig leicht, die Begrüßungsrede beim Adventskaffee zu halten. Ich hatte inzwischen schon ein bisschen Übung im Repräsentieren.

Vorbereitungen für Feste oder besondere Anlässe gehörten immer wieder zu Ihren Aufgaben.

Immer im Spätsommer fand auf der Hardthöhe ein Fest statt. Bisher hatte es ein sommerliches Fest mit Tanz und Gesangseinlagen gegeben. Von einem Mitarbeiter wurde nun vorgeschlagen: »Wir machen ein Biwak.« Das war doch das Passendste für das Verteidigungsministerium. Ich war bei einigen Vorgesprächen im Protokoll dabei. Wir waren uns einig: Zu einem Feldlager gehören Tiere. Ein Beamter des Protokolls trieb bei einem Bauern Gänse auf, die zu Beginn des Biwaks fröhlich schnatterten, jedoch schon bald die Köpfe unter ihre Flügel steckten, also schliefen. Da das Biwak aber unter Scheinwerferlicht stattfand, sind sie immer wieder aufgewacht und haben mit ihrem Geschnatter die Begleitmusik geliefert. Eine Gans hat an diesem Abend auch noch ein dickes Ei gelegt. Und Helmuts Sekretärin Lilo Schmarsow ist als Mutter Courage verkleidet mit einem Bollerwagen voll Proviant durch die Menge gezogen.

Die Mitarbeiter des Protokolls waren immer hilfreich. Gemeinsam mit ihnen habe ich vor einer internationalen Kommandeurstagung in Mittenwald zum Beispiel dafür gesorgt, dass die dazugehörigen, nicht immer schlanken Damen ohne Schaden aus ihrem Sonderzug steigen konn-

Die Gastgeber des Biwaks erwarten die Mitarbeiter des
Bundesverteidigungsministeriums

ten. Der Zug war, wie ich zuvor festgestellt hatte, zu lang für den Bahnhof. Damit die Damen beim Aussteigen nicht auf den Schotter der Gleise springen mussten, wurden provisorische Treppen aufgestellt, die das Protokoll aus Munitionskisten zusammengestellt hatte.

Die Militärs sind im zivilen Umgang meistens ganz höflich. Haben Sie das auch gespürt?

Das habe ich vor allem bei den Ordonnanzen festgestellt, die zum Ministerium gehören. So etwas hatte ich vorher nicht gekannt. Die jungen Leute, denen man auch schon mal auf die Schulter klopfte, wenn sie etwas besonders gut gemacht hatten, waren für mich eine große Hilfe. Wenn man sie anstrahlte, strahlten sie zurück. Das war sehr angenehm.

Als Verteidigungsminister musste Ihr Mann einen gewaltigen Problemkatalog bewältigen, der von einer Neuausrichtung der Bundeswehr über ein teilweise reaktionäres Offiziers- korps bis zur akzeptablen Haarlänge der Soldaten reichte. Haben Sie die öffentliche Diskussion über all diese Probleme verfolgt?

Natürlich! Selbstverständlich habe ich auch verfolgt, wer im Verteidigungsministerium den Veränderungen in der Bundeswehr positiv gegenüberstand und wer mehr die Augenbrauen hochgezogen hat. Ich wohnte ja auf der Hardthöhe, also mittendrin. Aber ich habe mich nicht in die Diskussion eingemischt.

Das waren Vorgänge, die damals im Militär sehr heftig dis- kutiert wurden.

Die auch in der Öffentlichkeit heftig debattiert wurden. Solche Umwandlungen wie damals in der Bundeswehr werden heute meinem Eindruck nach nicht mehr oder nur noch manchmal in der Öffentlichkeit gründlich diskutiert.

Dass die sechziger und siebziger Jahre langweilig gewesen seien, wie heute zuweilen unterstellt wird, lässt sich wirklich nicht sagen, denn es wurden wichtige Richtungsänderungen vorgenommen.

Da sind Weichen gestellt worden. Die Reaktionen auf die Bundeswehrreformen – ob es dabei um die Stabilisierung der inneren Führung oder um die Gründung der Bundeswehrhochschulen ging – waren sehr unterschiedlich; wobei der Kreis der sehr Konservativen, die sich mit Neuerungen nicht abfinden wollten, klein war. Einige der reformunwilligen Generäle sind ja auch vorzeitig entlassen worden.

Mit der aufkommenden Studentenbewegung und von Seiten der Jusos hat Ihr Mann heftige Kritik hinnehmen müssen. Einige von ihnen nannten ihn »Schmidt-Noske«, in Anlehnung an den Reichswehrminister der Weimarer Republik, der 1919 den Spartakusaufstand blutig niederschlagen ließ, wobei auch Rosa Luxemburg und Karl Liebknecht ermordet wurden.

Die Kritik an Helmut hing wohl vor allem damit zusammen, dass sich ein Sozialdemokrat für die Bundeswehr interessierte und sie jetzt auch noch führte. Diese Berührungsangst auch der SPD gegenüber der Bundeswehr hatte mein Mann ja schon Jahre zuvor bei seiner Wehrübung als Reserveoffizier zu spüren bekommen. So ganz habe ich diese Distanz der Sozialdemokraten zur demokratisch bestimmten Bundeswehr nie nachvollziehen können.

Im November und Dezember 1971 haben Sie gemeinsam mit Ihrem Mann eine große offizielle Fernostreise unternommen – Thailand, Japan, Australien und Neuseeland. Was mussten Sie an Vorbereitungen treffen?

Es ist ein Ehepaar mitgefahren; der Mann war Botschafter in Kambodscha gewesen. Die Eheleute haben mir schon vorher ein bisschen über das Leben in Asien erzählt; so zum Beispiel, dass man bei offiziellen Begegnungen nie ein Bein über das andere schlagen dürfe. Es könnte ja sein, dass man dabei einen Teil der Fußsohle zeige, und das sei so, als wolle man Verachtung ausdrücken. Diese Verhaltensregel galt für Thailand. Auf Australien und Neuseeland brauchte ich mich, was das Verhalten anging, nicht sonderlich vorzubereiten, denn diese Länder sind ja sehr europäisiert.

Haben Sie vom Verteidigungsministerium vorher Papiere über die Reise bekommen?

Ich nicht. Helmut bestimmt, denn er musste sich ja auf die offiziellen Gespräche vorbereiten. Auf seinem Programm standen verteidigungs- und sicherheitspolitische Fragen, die sich durch die damals erwartete Annäherung zwischen den Vereinigten Staaten und der Volksrepublik China für die besuchten Länder stellten. Außerdem hat Helmut den Regierungen die deutsche Ostpolitik erläutert, die Anfang der siebziger Jahre viel in Bewegung brachte und auch in Asien auf großes Interesse stieß.

War dies Ihre erste Reise nach Asien?

Es war die erste, und das Botschafterehepaar war natürlich sehr hilfreich, unter anderem deshalb, weil es die klimatischen Verhältnisse ganz gut kannte und wir entsprechend die richtigen Sachen einpacken konnten.

Welches Verhältnis hatten Sie bis dahin zu Asien gehabt?

Neugier natürlich. Wer aus einem Elternhaus wie meinem kommt, denkt doch nicht daran, dass er jemals eine so gut organisierte Reise machen könnte. Und dann auch noch unentgeltlich.

Wie unterschied sich diese Reise von vorhergehenden privaten? Es wurde für Sie gesorgt, es war alles vorbereitet …

Das war meine erste große Reise, sehr komfortabel natürlich. Ich brauchte mich um nichts zu kümmern. Es war auch immer ein Flugzeug für uns da. Als begleitende Ehefrau konnte ich alles in Ruhe und Komfort auf mich einwirken lassen. Da ich mich ein bisschen über die entsprechenden Länder informiert hatte, brauchte ich eigentlich nur ein freundliches Gesicht zu machen und zu genießen. Etwas anderes hatte ich nicht zu tun. Mir war natürlich klar, dass wir in den besuchten Ländern nicht nur die Schmidts, sondern auch die Bundesrepublik Deutschland repräsentierten und uns entsprechend bewegen mussten. So ganz frei und ungezwungen wie eine gewöhnliche Touristin konnte ich also nicht auftreten.

Haben Sie damals auch das thailändische Königspaar kennengelernt?

Ja, aber nur flüchtig – auf einem Empfang. In Deutschland schrieben die Illustrierten gern über das Paar, oft wurde von der »entzückenden« Königin Sirikit geschwärmt; sie war tatsächlich sehr schön, und sie bewegte sich sehr natürlich. König Bhumibol war bei unserem Besuch zwar schon vierundvierzig, er wirkte aber weitaus jünger.

1972 ist Ihr Mann ernsthaft erkrankt.

Eine durch die Schilddrüse ausgelöste Herzgeschichte. Der Zusammenhang ist nicht gleich erkannt worden, sondern erst später. Auch Helmuts Ohnmachtsanfälle traten erst einige Zeit danach auf.

Wurden Sie nicht von der Presse bedrängt, etwas zur Krankheit Ihres Mannes zu sagen?

Wir waren noch nicht so bekannt, die Presse hat uns weitgehend in Ruhe gelassen.

Er war im Lazarett – dort konnte er gut abgeschirmt werden.

Das war in Koblenz. Dort hatte ein sehr tüchtiger Arzt die Leitung, der Helmut auch nach diesem Lazarettaufenthalt immer wieder sehr geholfen hat. Mir übrigens auch, in einer sehr eigentümlichen Situation. Ich befand mich auf einer Recherchereise für mein Buch *Schützt die Natur* – das muss Anfang der siebziger Jahre gewesen sein – und bin in der Lüneburger Heide gelandet, in einer kleinen Stadt. Dort habe ich eine Blinddarmentzündung verspürt und sofort den Koblenzer Chefarzt Wolfgang Völpel angerufen. Der befahl: »So schnell wie möglich kommen!« Am nächsten Tag war ich dann in Koblenz, ich hatte ja ein Dienstauto mit Fahrer. Am Abend erschien ein sehr kühl blickender Chirurg: »Morgen früh um acht Uhr Operation.«
Als ich dann irgendwann aufwachte, stand der Arzt schon am Fußende meines Betts und sagte: »Es hat sich gelohnt!«

Ich erwiderte: »Sie haben mir wohl nicht geglaubt?« Da hat er mir tief in die Augen geblickt und gesagt: »Frau Schmidt, wir haben es nicht gern, wenn die Patienten ihre Diagnose selbst stellen, aber Sie haben recht gehabt.« Seine Kühle war sofort nach dem Gespräch verschwunden. In den Tagen, bis das verheilt war, haben wir uns wunderbar verstanden. Schließlich kam der Tag, an dem die Fäden gezogen werden sollten. Er erschien mit einer Schwester. Da habe ich leise zu ihm gesagt: »Das habe ich auch gelernt, ich habe mich mal zur Hilfsschwester ausbilden lassen.« Der Arzt erwiderte weiter nichts als: »Schwester, wir brauchen Sie nicht mehr!«, und zu mir gewandt: »Gut, dann assistiere ich.« Daraufhin habe ich mir selbst die Fäden gezogen. »Schere bitte, Pinzette bitte«, und er hat mir das alles brav geliefert. Was ich aber nicht bedacht hatte: Wenn man da am Bauch arbeitet, muss man sich sehr krumm machen. Doch da musste ich nun durch. Ich habe also die Fäden säuberlich rausgezupft, auf eine Nierenschale gelegt, und er fragte: »Wann wollen Sie denn bei mir anfangen?« Kürzlich habe ich mal versucht, die kleine Narbe zu finden, aber die ist so verwachsen, dass ich sie nicht mehr sehen konnte.

Waren Sie erleichtert, als Ihr Mann im Sommer 1972 Nachfolger von Karl Schiller werden musste?

Das kann ich eigentlich nicht sagen. Der Wechsel ins Wirtschafts- und Finanzministerium stimmte mich nicht fröhlich. Ich habe ein bisschen traurig Abschied vom Verteidigungsministerium genommen, denn die Kombination von Zivilisten und Militär dort fand ich sehr interessant, und ich habe auch gern mit den Menschen zusammengearbeitet und mich dabei wohlgefühlt.

Das Amt des Wirtschafts- und Finanzministers war ebenfalls nicht gerade vergnügungssteuerpflichtig: Es gab in dieser Zeit die Währungskrise mit einem dramatisch fallenden Dollar oder die Ölkrise 1973 mit einer Steigerung des Ölpreises um siebzig Prozent.

Und mit einem Verbot, sonntags auf der Autobahn zu fahren. Mein Mann hatte als Wirtschafts- und Finanzminister also eine Menge zu tun, um die ökonomischen Schwierigkeiten zu überwinden.

Einem Kanzler zur Seite

Ihr Mann wurde seit den fünfziger/sechziger Jahren in seinen verschiedenen wichtigen Funktionen in Bonn – mit der kurzen Unterbrechung als Senator in Hamburg – zu einem der mächtigsten und respektiertesten Politiker der Republik. Haben Sie je gedacht, er könnte auch Kanzler werden?

Wir sind von etwas anderem ausgegangen; als Helmut 1953 das Bundestagsmandat angeboten wurde, wollte er das nur für eine Legislaturperiode machen. Nun war er schon zwei Jahrzehnte in der Politik, aber ich glaube, im Innersten seines Herzens hatte er den Traum von der Architektur noch nicht völlig aufgegeben.

Selbst mit fünfundfünfzig Jahren nicht und nachdem er ein erfolgreicher Abgeordneter und Minister gewesen war?

Das kann einer der Kinder- oder Jugendträume gewesen sein, die man sehr lange vor sich herträgt. Ich glaube auch nicht, dass er im Ernst gedacht hat, er könnte noch Architektur studieren, besser gesagt: Städtebau, denn der hat ihn am stärksten interessiert. Der Traum aber war immer noch irgendwie da. Vielleicht auch nur der Wunsch, ich muss mir selbst beweisen, dass ich das noch schaffen könnte.

Und Sie haben nicht gedacht, dass er einmal Kanzler werden könnte?

Daran habe ich nicht gedacht, nein.

Im Mai 1974 wird plötzlich der Referent Willy Brandts, Günter Guillaume, als Spion der DDR verhaftet. Können Sie sich noch daran erinnern, wie Sie die Nachricht aufgenommen haben?

Das hat mich, wie wohl die meisten Menschen in der Bundesrepublik, erst einmal sprachlos gemacht. Ein Spion im Kanzleramt – einfach unvorstellbar. Ich sah den Guillaume noch vor mir, wie er mit den Brandt'schen Kindern spielte. Und nun so etwas. Etwas völlig Neues waren Spionageaffären für mich allerdings nicht. Ein paar Jahre zuvor hatten wir im Kreis Nord der Hamburger SPD jemanden gehabt, der sich urplötzlich in die DDR abgesetzt hatte. Das hat uns auch alle sehr aufgeregt. Ein Spion im Kanzleramt war aber natürlich noch etwas ganz anderes.

Hatten Sie Guillaume je getroffen?

Ich habe ihn natürlich getroffen, aber ich kann mich nicht mehr daran erinnern, dass wir ausführliche Gespräche geführt hätten. In der Bonner Zeit ist man ja vielen Leuten begegnet, die man einigermaßen kannte, von denen man aber keine Ahnung hatte, wie sie als Menschen wirklich waren. Für Willy Brandt hat mir die ganze Spionagesache natürlich leidgetan, obwohl wir kein so enges Verhältnis zueinander hatten. Er wirkte ja auf viele charismatisch, ich fand ihn allerdings ein bisschen abgehoben. Aber das hängt wohl mit meiner hanseatischen Nüchternheit zusammen, die gegen eine solche Ausstrahlung ein wenig immun macht. Willy Brandt und ich haben uns auch nie richtig miteinander unterhalten können.

Dem Rücktritt Brandts am 7. Mai 1974 gingen dramatische Tage in der Bundesregierung und der SPD voraus. Haben Sie von der Aufregung viel mitbekommen?

In Münstereifel, wo die SPD-Führungsgruppe in jenen Tagen darüber redete, wie es nun weitergehen solle, herrschte erst mal ein heilloses Durcheinander und eine – wie soll ich das mal nennen? – große Ratlosigkeit. Man wusste einfach nicht, wie es weitergehen sollte.

Das haben Sie miterlebt?

Teilweise zumindest. Ich wollte meinen Mann abholen in Münstereifel, wo die SPD-Führung am Wochenende vom 4. und 5. Mai in einem Bildungszentrum der Friedrich-Ebert-Stiftung tagte. Ich war hingefahren. Während nun alles drunter und drüber ging, sagte Alfred Nau, der Schatzmeister der SPD, dessen Frau übrigens auch in Münstereifel war, ganz ruhig: »Wir müssen uns erst mal zusammensetzen. Kommt doch mit zu uns nach Hause.« Von Münstereifel nach Bonn fährt man mit dem Auto ja nur ungefähr eine Stunde.

Das war, bevor Willy Brandt seinen Rücktritt erklärte?

Das war, als sich der Rücktritt andeutete. Willy Brandt hat ja nicht von jetzt auf gleich gesagt, er träte zurück. Bis er sich entschied, hat das verständlicherweise eine gewisse Zeit gedauert. Alfred Nau schien mir in dieser Situation ein sehr besonnener Mann zu sein; er hatte in seinem Leben ja auch schon einiges durchgemacht, Widerstand gegen die Nazis, Gestapo-Haft ...

War auch Willy Brandt bei diesem Treffen dabei?

Er war nicht dabei, ich wusste auch nicht, wo er sich aufhielt. Solche Phasen, in denen Brandt nicht zu erreichen war, gab es während seiner Kanzlerzeit ja häufiger; offenbar litt er dann unter Depressionen. In diesem Fall aber hatte er sich wohl mit seinen engsten Mitarbeitern irgendwohin zurückgezogen, um über seine nächsten Schritte zu beraten.

Wer war bei den Naus noch dabei?

Die Naus haben sich wohl die Leute ausgesucht, denen sie absolut vertrauten. Ich weiß nicht mehr im Einzelnen, wer anwesend war, auf jeden Fall war es eine Gruppe führender Sozialdemokraten und, glaube ich, Gewerkschafter. Zusammen waren wir ungefähr acht. Ich erinnere mich jetzt noch an eine lächerliche Kleinigkeit, die zeigt, was man so im Gedächtnis behält. Friedel Nau sagte: »Ich hab tiefgefrorenes Stangenbrot, das hole ich schnell raus, das rösten wir uns auf.«

Hatte Ihnen Ihr Mann etwas von den vorangegangenen Streitigkeiten oder den Diskussionen in der SPD-Führung erzählt?

Helmut hat in jener Zeit nicht so furchtbar viel erzählt; zum einen war er sehr beschäftigt und eingespannt, und zum anderen hatte ich da bereits angefangen, meine eigenen Naturschutzprojekte zu organisieren; dafür musste ich mir immer ein bisschen extra Zeit nehmen. Und da Helmut ebenfalls eine Menge zu tun hatte und viel unterwegs war, hatten wir selten Gelegenheit für tiefergehende Gespräche. Wenn er es für angebracht hält, kann er im Übrigen auch ganz gut schweigen.

Was wurde bei den Naus besprochen?

Erst einmal wurde aufgezählt, wann man was und wo am Verhalten Guillaumes beobachtet hatte. Es wurden Beispiele dafür genannt, dass der Guillaume doch so furchtbar nett gewesen sei und bei welcher Gelegenheit er dabei gewesen war. Also, es ging um persönliche Beobachtungen, wann der Mann positiv und wann er negativ aufgefallen war. Mir schien es, als ob jeder der Anwesenden etwas dazu beizutragen hätte.

Und auch zu Brandt natürlich …

Alle waren so schockiert von den Ereignissen. Es wurde auch über die Regierungszeit Brandts geredet, den die meisten sehr verehrten, aber dann sagte Friedel Nau zu mir: »Komm, lass uns in die Küche gehen.« Sie hatte wohl das Gefühl, dass wir beiden Frauen in der Männerrunde störten. Bei der entscheidenden Sitzung der SPD-Gremien vor Brandts Rücktritt bin ich selbstverständlich nicht dabei gewesen.

Da hat Willy Brandt gesagt: »Der Helmut muss das machen«, und er hat geantwortet: »Wegen solcher Dinge (Guillaume und Damenbekanntschaften) kann ein Kanzler sein Amt nicht aufgeben.«

Das hat Helmut mir allerdings hinterher auch erzählt, und er war dabei richtig wütend: »Ein Spion ist doch kein Grund, nicht im Amt zu bleiben.« Andere wiederum haben die verschiedenen Damen, die während Brandts Wahlkampf in den Sonderzügen mitgefahren sein sollen, aufs Tapet gebracht.

Ich glaube, da ist sehr übertrieben worden.

Ich kann das nicht beurteilen. Aber ich habe selbst miterlebt, wie sich bei bestimmten Gelegenheiten, bei offiziellen Essen oder Empfängen, irgendwelche Damen, möglichst noch mit tiefem Ausschnitt, über Helmut hängten und schwärmten: Also, das haben Sie ja so *wunderbar* gesagt oder gemacht.

Henry Kissinger hat behauptet, Macht sei ein sehr wirksames Aphrodisiakum.

Das habe ich später bestätigen können, wenn sich Damen an Helmut ranschmissen. Bei Treffen, an denen auch Frauen teilnahmen, kam das eigentlich oft vor.

Waren Sie nicht eifersüchtig, wenn Ihr Mann bedrängt wurde?

Da ich bei solchen Avancen häufig neben Helmut saß, hingen die Busen ja auch oft halb über mir.

Nun aber wieder zurück zur handfesten Politik. Waren Sie ebenso »tief erschrocken« über die Erkenntnis wie Ihr Mann, als deutlich wurde, dass an seiner Berufung zum Kanzler kein Weg mehr vorbeiführte?

Erschrocken war ich, weil ich noch mehr Arbeit, noch mehr Verantwortung und Pflichten auf ihn zukommen sah. Er hat mir nachts, als wir über die Situation redeten, gesagt: »Das muss ich wohl machen.« Dass er darüber begeistert war, kann ich nicht erinnern. Die Konsequenzen, die das Kanzleramt mit sich bringt, waren ihm natürlich bewusst. Ihm stand eine riesige Herausforderung bevor, und das hat ihm schwer zu schaffen gemacht.

Wie haben Sie den Tag der Wahl Ihres Mannes zum Kanzler am 16. Mai 1974 verbracht und erlebt?

Unsere Tochter Susanne war aufgeregter als ich. Sie wollte unbedingt dabei sein und war es dann ja auch.

Und Sie waren nicht so aufgeregt?

»Aufgeregt« ist der falsche Ausdruck. Aber wenn der eigene Mann Bundeskanzler wird und man dieses Land schon einige Jahrzehnte gekannt hat in den wechselvollen Situationen – ich erinnere ja noch die Weimarer Republik mit all den kulturellen Errungenschaften, aber auch mit der Armut, und den Zweiten Weltkrieg mit seinem Grauen und seiner Zerstörung –, ist man sich der Bedeutung eines solchen Ereignisses durchaus bewusst. Dann ist man natürlich auch stolz, dass der Ehemann Regierungschef wird.

Sie haben bei der Vereidigung im Bundestag unter den Zuschauern gesessen?

Auf der Zuschauertribüne. Neben meiner Tochter und Frau Schmarsow, der Sekretärin meines Mannes.

Was mussten Sie bei den Vorbereitungen auf Ihre neue Rolle als Kanzlergattin alles bedenken?

Was zu bedenken war, wusste ich ja vorher nicht. Was ich vorbereitet habe: Ich habe mich beim Protokollchef angesagt, denn ich war es ja von der Hardthöhe gewohnt, eng und sehr vertrauensvoll mit dem Protokoll zusammenzuarbeiten. Ähnlich wollte ich es jetzt auch mit dem Protokoll des Kanzleramtes halten. Es war größer als das des Verteidigungs- oder Finanzministeriums und hatte auch noch den Bundespräsidenten zu betreuen.

Hat Ihnen der Protokollchef bei Ihrem ersten Treffen schon irgendwelche Ratschläge gegeben?

Ich wollte ihn einfach kennenlernen und habe ihn über die Art meiner Zusammenarbeit mit dem Protokoll während der Hardthöhenzeit informiert.

Haben Sie Rut Brandt gefragt, was man als Kanzlerfrau beachten müsse?

Nein. Ich habe Rut Brandt natürlich häufiger mal getroffen und fand sie sehr sympathisch, aber wir haben uns nicht gegenseitig eingeladen. Über den Umzug brauchte ich mit ihr nicht zu reden, denn die Brandts waren nicht in den Kanzlerbungalow gezogen. Sie sind oben auf dem Venusberg geblieben, das heißt, ich brauchte niemanden aus dem Bungalow zu vertreiben.

Haben Sie andere Leute um Rat gefragt bezüglich dessen, was auf Sie zukommt?

Dazu war ich mittlerweile zu selbstbewusst. Außerdem habe ich mir natürlich auch gesagt, der oder die eine macht das so, und du machst das so. Das kann man selbstbewusst nennen. Dazu war ich dann auch schon zu lange im Geschäft. Ich habe überhaupt nichts vorbereitet, ich hab mir auch keine neue Kleidung gekauft. Später habe ich mir immer dann etwas Neues gekauft, wenn es nötig war.

Welche zusätzlichen Pflichten kamen nun auf Sie zu: noch mehr Protokoll, noch mehr Repräsentation, noch längere Arbeitszeiten?

Das Protokoll hat mir freundlich mitgeteilt, ich müsse auch soziale Aufgaben übernehmen, die man gelegentlich mal vorzeigen könnte. Außerdem erwartete mich viel Schreibarbeit, denn ich erhielt eine Menge Briefe. Zunächst hatte ich keine Schreibkraft. Die war nicht vorgesehen gewesen

Im Kanzlerbungalow

Mit Frau Köpke (rechts) in der Küche des Kanzlerbungalows

bei Rut Brandt, denn wenn Post von Unbekannten an sie persönlich gerichtet war, hat sie die zur Beantwortung weitergegeben. Nach etwa einem Jahr habe ich wohl so gestöhnt – ich hatte ja nebenbei auch noch etwas anderes zu tun –, dass mein Mann mir eine Halbtagsschreibkraft zuteilen ließ.

Wie behagte Ihnen die Dienstwohnung, der Kanzlerbungalow des Architekten Sepp Ruf, den Ludwig Erhard in Auftrag gegeben hatte?

Mit seinen klaren Konturen und Anklängen vom Bauhaus entsprach er mehr unserem Stil als irgendwelche Jahrhundertwende-Prachtbauten, nachgemachter Barock oder Ähnliches.

Dem Diktum Konrad Adenauers, der gesagt hat, der Architekt verdiene »zehn Jahre«, konnten Sie sich demnach nicht anschließen?

Adenauer hatte wohl einen anderen Geschmack. Uns hat der Bungalow jedenfalls gefallen. Innen gab es ein winzig kleines Schwimmbad, das wir auch häufig benutzt haben. Wenn ich das Haus gebaut hätte, hätte ich das Schwimmbad größer gemacht.

Haben Sie denn die variable Raumaufteilung im Bungalow genutzt und etwas verändern lassen?

Die variable Raumaufteilung bezog sich nur auf den offiziellen Teil, nicht auf die Privaträume. Die Privaträume – das heißt Schlafzimmer, Badezimmer, ein winziges Arbeitszimmerchen für mich und ein etwas größeres Arbeitszimmer für Helmut – waren nicht sehr üppig.

Sie haben auch nicht wie Kurt-Georg Kiesinger mittelalter-liche Kunstwerke oder Stilmöbel im Bungalow aufgestellt, damit er wohnlicher wurde?

Das haben wir nicht getan. Ich glaube, wir haben alles genommen, was da war, und haben das zurechtgerückt.

Welche dienstbaren Geister standen Ihnen – neben der Halb-tagskraft zum Schreiben – im Bungalow zur Verfügung?

Es gab zwei Hausangestellte, die im Bungalow arbeiteten. Die ältere, Frau Köpke, war schon bei Adenauer in Diens-ten gewesen.

War das die sogenannte Hausdame, oder wie nannte man die?

Die Hausdame war Frau Pirwitz. Sie war die Hausange-stellte, die das Sagen hatte und das Anordnen erledigte.

Welche Aufgaben hatten die Hausangestellten? Für das Sau-bermachen gab es wohl extra Leute?

Die mussten an- und eingewiesen werden, wenn sie ka-men. Die beiden anderen Frauen waren ständig da.

Bedienten sie beim Essen?

Ja. Sie deckten den Tisch, denn in dem großen Esssaal fanden häufiger mal Koalitionsessen statt, und öfter gab es auch in einem etwas kleineren Kreis Essen. – Aber noch zu den dienstbaren Geistern: Frau Pirwitz, die jünger war als ich, und ich, wir verstanden uns gut. Die Ältere war sehr zurückhaltend. Eines Tages wollte ich für meinen Mann privat etwas kochen. Im Bungalow gab es eine rie-sige Küche mit einer großen Sitzecke. Ich arbeitete also in der Küche herum und machte Frikadellen, in die ich Haferflocken tat, weil ich kein altes Brot hatte. Frau Köpke schaute zu und sagte ganz selig: »So wollte Herr Adenauer das auch immer haben. Er wollte immer Haferflocken in die Frikadellen haben.« Von dem Tag an verhielt sie sich mir gegenüber völlig anders. Die Haferflocken in den Frikadellen haben ihre Einstellung mir gegenüber verändert. Das klingt komisch, aber es ist so. Und wie Frau Köpke auf einmal auftaute, das sah ich auch daran, dass sie eines Abends zu Radiomusik mit einem der Sicherheitsbeamten in der Küche tanzte; dabei war sie schon ziemlich betagt.

Neben den beiden Frauen für den Haushalt hatten Sie auch einen Fahrer.

Ich hatte einen Fahrer, und zu dem gibt es etwas zu erzählen. Er war einer von elf Brüdern, und einige von ihnen waren ebenfalls Fahrer, zum Teil auch in Diensten des Kanzleramtes. Als ihre Mutter starb, bin ich bei der Beerdigung gewesen. Ich kannte sie nur ganz flüchtig, aber so etwas von rührender Mutter habe ich selten kennengelernt. Wie sie ihre elf erwachsenen Söhne verwöhnte, das war einfach herzergreifend. Es war übrigens die erste katholische Beerdigung, die ich erlebt habe. Dabei gibt es stereotype Dinge, die wiederholt werden, in diesem Fall »Gott helfe deiner armen Seele« oder so etwas. Der Priester sagte nichts Persönliches über diese liebevolle Mutter. Bei späteren katholischen Beerdigungen hatte ich mich daran gewöhnt, dass dafür ein bestimmter Text vorgeschrieben ist – aber wenn man als Heide das erste Mal einen solchen Text hört …

Die Beerdigung war so gar nicht auf die Person zugeschnitten, sondern folgte dem gewohnten Ritual.

Irgendwann muss man das ja mal kennenlernen. Wenn man dieses Ritual von klein auf kennt, ist das sicher etwas anderes.

Wenn ich richtig informiert bin, hatten Sie einen orange-farbenen Dienstwagen, einen 5er BMW. Erstaunliche Farbe. Und warum?

Weil mir die Farbe – es war übrigens ein Knallrot – gut gefiel und weil ich dachte, mit der Farbe fällt das Auto nicht so auf, denn die war gerade in Mode. Ich sagte mir, ein schwarzes Auto sieht so offiziell aus. Ich wollte nicht auffallen, obwohl die Gefahr, dass jemand etwas Böses im Schilde führte, zumindest anfangs noch nicht gegeben war.

Ein knallrotes Auto für die Frau des Kanzlers ist heute kaum vorstellbar, aber Ihre Gründe leuchten ein. – Haben Sie bemerkt, dass sich der Umgang der Freunde und Mitmenschen mit Ihnen als Kanzlergattin irgendwie veränderte?

Nein.

Gar nicht?

Da kann ich nur Nein sagen.

Waren Ihre Mitmenschen nicht auf einmal beflissener oder gar devoter?

Also, wenn wir mal – was selten geschah – übers Wochenende nach Hamburg kamen, haben sich die Nachbarn so benommen wie immer, wie sie sich heute benehmen und wie sie sich früher benommen hatten. Nur meine Friseure sind ein eigenes Thema. Ich habe ja wenig Haare auf dem Kopf, dafür kann ich nichts, das ist wahrscheinlich genetisch bedingt. Deswegen hatte ich hier in Hamburg einen Friseur, der bestimmte Pflegemittel einsetzte. In Bad Godesberg fand ich einen, der die gleichen Mittel benutzte und von den oberen Zehntausend besucht wurde. Es war ein vornehmer Friseur, während meiner in Langenhorn hier um die Ecke eher einfach war.

Wenn ich lange nicht in Hamburg gewesen war, musste ich mir gelegentlich auch in Bad Godesberg die Haare schneiden lassen. Lieber ging ich allerdings zu meinem Friseur in Langenhorn, weil ich ihn schon so lange kannte. Die beiden Friseure konnten also beobachten, wie der Kollege jeweils schnitt. Sowohl der Friseur in Hamburg als auch der in Bad Godesberg sagten, wenn ich zu ihnen kam: »Ja, der Kollege hat ganz anständig geschnitten …« Ich habe immer schon darauf gewartet, wenn ich mit einem mehr oder minder frischen Schnitt beim jeweils anderen erschien, dass eine Bemerkung fiel wie: »Ach, Sie waren inzwischen beim Schneiden. Ja, hat der Kollege eigentlich gut gemacht.« Etwas in der Art hörte ich jedes Mal. Das ist zwar nur eine winzige Randbemerkung, aber für mich gehörte das während meines Wanderlebens zwischen Bonn und Hamburg dazu. Die Friseure waren nämlich beide stolz auf ihre Schneidekünste.

Haben Sie sich verändert als Kanzlergattin?

Das kann ich nicht beurteilen, aber sehr wahrscheinlich schon. Ich glaube, jeder Mensch verändert sich, wenn er andere Aufgaben bekommt.

… und so in der Öffentlichkeit steht.

Das ist so, der Aufenthalt in der Öffentlichkeit wirkt auf eine Person. Allerdings habe ich mir gleich gesagt – schon

Hausfrauenpflichten

auf der Hardthöhe, aber während der Kanzlerzeit noch viel mehr –: Du veränderst dich nicht. Du redest hamburgisch, daran müssen sich die Leute gewöhnen. Du bist du. Ich war ja schon über fünfzig Jahre alt. Natürlich habe ich mich aber verändert, jeder Mensch verändert sich einfach schon dadurch, dass er älter wird. Ich habe mir jedoch Mühe gegeben, was die Sprache angeht zum Beispiel, so zu bleiben, wie ich war.

Das ist ja auch eine schöne Sprache.

Erstens ist es eine schöne Sprache, zweitens ist es meine Sprache, und wenn die jemand nicht hören wollte, hatte er selber Schuld. Das habe ich mir immer wieder gesagt.

Hamburgisch kann ja auch jeder verstehen, im Gegensatz zu tiefstem bayerischen Dialekt oder ausgeprägtem Schwäbisch.

Eben.

Jetzt kommen wir zum Küchenessen mit den engsten Mitarbeitern.

»Engste Mitarbeiter« ist nicht korrekt. Ich habe Ihnen die Küche des Bungalows in ihren Ausmaßen ja schon ungefähr vorgestellt. Der Herd stand übrigens mitten im Raum und nicht, wie man es normalerweise gewohnt ist, irgendwo an der Wand. Ein riesiger Herd, denn vom Architekten Sepp Ruf war sicher geplant, dass in dieser Küche auch große Essen vorbereitet wurden. Bei den Küchenessen versammelten sich die beiden Hausangestellten, Frau Pirwitz und Frau Köpke, der Obergärtner Herr Dewes, der für mich sehr wichtig war, weil wir beim Küchenessen so viel besprechen konnten, und mein Sicherheitsbeamter; wenn

Helmuts Sicherheitsbeamter irgend konnte, kam er auch aus dem Kanzleramt herbeigeeilt.

Übrigens, Herr Dewes kam häufiger mal mit einem Strunk oder Zweig und sagte: »Das habe ich auf der Wiese gefunden. Was ist das?« Dann haben wir am Küchentisch botanisiert. Mit Herrn Dewes habe ich auch den Tischschmuck für offizielle Essen besprochen oder darüber beraten, welche Blumen wir den Staatsgästen in ihre Unterkünfte stellen sollten. Betty Ford beispielsweise mochte Wicken besonders gern, und die ließen wir ihr natürlich hinstellen. Ich habe mich auch immer gefreut, wenn uns bei offiziellen Reisen Blumen aufs Zimmer gestellt wurden. Manche Gastgeber haben sich dabei richtig angestrengt. In der Osterzeit fanden wir während eines Besuchs im Blair House, unserer Bleibe in Washington, Schalen mit Gras, in denen Ostereier lagen. Über so etwas freut man sich sehr, wenn man anstrengende Tage vor sich hat.

Und was wurde sonst noch beim Küchenessen besprochen?

Zunächst wurde darüber geredet, welche offiziellen Veranstaltungen in der folgenden Woche bevorstanden und was dafür zu regeln war. Unser Küchenessen hatte übrigens mit den regelmäßigen Koalitionsessen zu tun, die im Bungalow stattfanden. Irgendwann war nämlich ein Abgesandter des Protokolls zu mir gekommen und hatte mir mehr oder minder deutlich gemacht, das Essen der sozialdemokratischen und freidemokratischen Koalitionspartner solle nicht mehr draußen bestellt werden, das sei zu teuer. »Das können Sie doch hier in der Küche selbst machen.« Daraufhin habe ich zu meinen Leuten gesagt: »Wenn die Koalition hier isst, können wir auch ein bisschen mehr kochen, und wenn die Koalitionspartner dann aus dem Haus sind, können wir alle ein wenig mithelfen in der Küche, und danach setzen wir uns gemütlich hin und essen.« So ist das Küchenessen entstanden. Dadurch, dass das Protokoll Geld sparen wollte.

Da wurde also immer besprochen, was in der kommenden Woche anlag.

Es wurde erstens besprochen, was anlag und was es zu essen geben sollte. Wenn es um Essen für ausländische Staatsgäste im Bungalow oder anderswo ging, habe ich unser Protokoll gebeten, sich beim Protokoll unserer Besucher zu erkundigen, ob sie bestimmte Abneigungen oder Vorlieben hegten. Auch nach Getränkewünschen habe ich fragen lassen und ihnen dann Sekt, Whisky oder irgendetwas anderes auf ihre Zimmer stellen lassen. Ich bin übrigens vor Auslandsreisen Ähnliches gefragt worden. Essenswünsche habe ich bei solchen Anfragen nie geäußert, denn ich war ja neugierig auf die Spezialitäten, die uns, womöglich noch in einem exotischen Gastland, aufgetischt würden. Helmut war das sowieso egal, denn er ist immer ein bescheidener Esser gewesen.

Im Kanzlerbungalow haben Sie auch nicht ganz so offizielle Gäste bewirtet …

Ich habe häufiger mal Damenkränzchen eingeladen.

Was waren das für Damen?

Frauen von Botschaftern, mehrere Male habe ich auch Journalistinnen eingeladen und war erstaunt, wie viele von ihnen Wirtschaftsjournalistinnen waren; damals dachten wahrscheinlich die meisten, Journalistinnen seien nur für Themen wie Gesellschaft oder Familie zuständig. Ich fand das fabelhaft, dass sich so viele Frauen mit der Wirtschaft beschäftigten. Sie müssen bedenken, das liegt nun schon Jahrzehnte zurück. Heute sind Wirtschaftsjournalistinnen etwas Selbstverständliches.

Was haben Sie denn mit den Journalistinnen besprochen?

Zunächst habe ich sie offiziell begrüßt, und wenn sie dann ihren Kaffee hatten, haben wir tischweise geschnattert, und ich bin von einem Tisch zum anderen gegangen. Es waren bis zu dreißig Journalistinnen, und deshalb haben wir in dem großen Raum im offiziellen Teil des Bungalows gesessen.

Der Kuchen für solche Einladungen wurde auch im Kanzlerbungalow gebacken?

Selten. Da gab es in Bonn eine Konditorei, bei der ich häufig bestellte. Am Anfang bin ich hingegangen und habe mich sozusagen vorgestellt.

Welche Gäste, die auf Staatsbesuch in Bonn waren, haben Sie im Bungalow bewirtet?

Die Fords zum Beispiel erinnere ich ganz genau, denn sie mochte den Pavillon, der zum Bungalow gehörte, so gern. Wenn man von der Terrasse des Bungalows auf den Rhein guckte, lag der Pavillon links in der Ecke des Grundstücks, aber noch hoch über dem Rhein. Dort konnten auch einige Personen übernachten. Aber vor allem gab es dort einen hübschen großen, runden Tisch, von dem aus man einen fabelhaften Blick über den Rhein und auf die andere Seite des Flusses hatte. Betty Ford hat bei ihrem Besuch häufiger dort gesessen.

Diese offiziellen Essen im Bungalow, verliefen die entspannt, oder war es manchmal auch ein bisschen mühsam?

Das kam natürlich auf die Gäste an. Wenn es wirklich offizielle Essen waren, das heißt, wenn ein Staatsgast da war, waren die Botschafter sowohl aus dem Land der Gäste als auch aus Deutschland und die wichtigsten Mitarbeiter oder Minister beider Seiten dabei. Bei solchen Anlässen muss ja eine ganze Riege von Menschen eingeladen werden. Das war so der übliche Rahmen eines offiziellen Essens. Manchmal handelte es sich bei den Gästen um Menschen, die man schon länger kannte, und dann ging es bei den Essen etwas lockerer und vertrauter zu. Der Bungalow war jedenfalls ganz gut ausgestattet – ein riesiger Essraum und ein kleinerer, etwas gemütlicherer, beide mit Blick auf den Rhein. In den großen Raum, in dem man etwa fünfzig Menschen unterbringen konnte, hat mein Mann auch Unternehmer und Gewerkschafter gemeinsam zum Essen eingeladen. Das war, glaube ich, eine ziemlich bahnbrechende Angelegenheit, die wohl entsprechend gewürdigt worden ist.

Loki, jetzt kommen wir noch mal zu den gemeinnützigen und sozialen Aufgaben, von denen das Protokoll gleich zu Beginn der Kanzlerzeit Ihres Mannes gesprochen hatte. Welche lagen Ihnen besonders am Herzen beziehungsweise haben Sie besonders beansprucht?

Das Protokoll hatte mir gesagt, soziale Aufgaben gehörten zu meinen Pflichten. Da habe ich mir einige Altenheime ausgesucht und, ein bisschen südlich von Bonn gelegen, ein Heim für geistig Behinderte. Die Termine dort waren anstrengend und sehr bewegend. Ich erfuhr von vielen tragischen Familiengeschichten, und ich konnte immer wieder nur hoffen, dass ich mit meinen Besuchen wenigstens etwas geholfen habe. Ich habe es zumindest versucht und mir Mühe gegeben.

Kaffeetrinken in einem Altenheim in Essen, 1976

Ihre Korrespondenz als Gattin des Kanzlers mussten Sie zunächst ohne Hilfe führen.

Zu Anfang. Als ich dann beinahe umkippte – ich hatte ja auch keinen vernünftigen Schreibplatz: Im Bungalow gab es in einem Vorraum zu meinem Schlafzimmer einen kleinen Sekretär mit einer Klappe, die man runterließ, und dahinter waren ein paar Fächer –, bekam ich eine Halbtagskraft für meine Korrespondenz. Dieser sehr netten Frau Stein habe ich, als sie bei mir anfing, gesagt: »Es gibt immer auch mal Protestbriefe, bei denen Sie sich wundern werden.« Ich habe ihr nicht präzise gesagt, um welche Art von Protestbriefen es ginge, weil ich hoffte, dass es damit zu Ende sei. Aber einige Tage später saß sie mir gegenüber und starrte mich an, beinahe mit Tränen im Gesicht. Sie hatte einen der Briefe geöffnet, die ich in regelmäßigen Abständen aus Frankfurt bekam. Darin befand sich immer benutztes Klopapier, weiter nichts.

Wurde Ihre Post nicht durch die Sicherheitsbeamten des Kanzleramts kontrolliert, bevor sie zu Ihnen kam?

Nein, die waren darauf offenbar nicht geeicht, denn eine arbeitende, postbeantwortende Kanzlerfrau hatte es vorher nicht gegeben. Ich war die Erste, die ihre Post selbst aufmachte, sie in den meisten Fällen auch beantwortete. An den Anblick dieser Frankfurter Briefe musste auch ich mich erst gewöhnen, die waren wirklich zu abstoßend. Allerdings habe ich auch niedliche Briefe bekommen. Aus Baden-Württemberg hat mir zum Beispiel eine Frau sehr vergnügt geschrieben: »Ich bin zwar CDU-Mitglied, aber was Sie da so machen, gefällt mir eigentlich.« Mit der habe ich immer noch einen Briefwechsel. Solange ich keine Hilfe hatte, habe ich die Briefe brav mit der Hand

Der bescheidene Arbeitsplatz im Kanzlerbungalow

beantwortet. Ich konnte nicht Schreibmaschine schreiben. Manchmal konnten Briefe allerdings auch sehr kurz beantwortet werden: »Vielen Dank für Ihren Brief, alles Gute«.

Waren nicht auch viele Bittbriefe in Ihrer Post?

Das kann ich überhaupt nicht erinnern. Autogrammwünsche kamen etwas später auch. Wahrscheinlich gab es vorher eine Frau Kanzler so gut wie nicht.

Diese Korrespondenz war ja irgendwie ein direkter Kontakt mit dem Volk. Haben Sie Anregungen an Ihren Mann weitergeben können? Dass in einem Brief stand: »Sie müssten aber ...«

Nein. Höchstens wenn es mal ein witziger oder kurioser Brief war, habe ich ihn Helmut gezeigt oder ihm daraus vorgelesen. Es ist damals auch nicht vorgekommen, dass jemand etwa auf einen Fernsehauftritt Helmuts Bezug genommen hätte. Zu jener Zeit wurde im Gegensatz zu heute häufiger noch eine Bundestagsdiskussion im Ganzen übertragen. Ich bedaure es sehr, dass jetzt nur noch Statements gesendet werden ...

Bis auf Phoenix, der Sender überträgt schon ganze Bundestagsdebatten. – Loki, als Frau des Kanzlers standen Sie sehr oft im Licht der Öffentlichkeit. Hatten Sie jemanden, der Ihnen Ratschläge für öffentliche Auftritte gab?

Was hätte der tun sollen? Sie vergessen, dass ich ja mehr als erwachsen war.

Wie war es beim Umgang mit der Presse? Haben Sie gelegentlich Verhaltenstipps gegenüber bestimmten Journalisten bekommen, zum Beispiel von Klaus Bölling, dem Pressespre-cher Ihres Mannes? Dass der gesagt hat: »Bei dem muss man vorsichtig sein«, oder so?

Kann ich nicht erinnern. Dass ich vorsichtig mit der Pres-se oder mit einzelnen Journalisten sein musste, hatte ich längst gelernt. Wenn man etwas mehr in der Öffentlichkeit steht, muss man einfach behutsamer mit seinen Worten umgehen, weil es sonst zu Missverständnissen oder Ärger-nissen kommt.

Mussten Sie viele Interviews geben?

Eigentlich nicht so sehr als Frau des Kanzlers, eher als deutlich wurde, was ich da privat machte: dass ich mich für den Schutz der Natur engagierte.

Aber Frauenzeitschriften, die mal wissen wollten, wie …

Das kann ich nicht erinnern. Wahrscheinlich habe ich das nicht wichtig gefunden und entweder keine Interviews gegeben oder sie verdrängt.

Und mussten Sie Fernsehinterviews geben?

Wenn ja, dann fanden sie meist im sehr schönen Museum König fast gegenüber dem Kanzleramt statt. Dieses zoolo-gische Museum war unversehrt durch den Krieg gelangt, und in der großen Halle hielt am 1. September 1948 der Parlamentarische Rat, der Vorgänger des späteren Bun-destags, seine erste Sitzung ab; Bundeskanzler Adenauer hat es dann für sehr kurze Zeit als Dienstsitz benutzt. Zu meiner Zeit gab es im Museum König abends häufiger anständige Vorträge von Naturwissenschaftlern. Wenn ich Zeit hatte, ging ich hin. Anschließend wurde ich gelegentlich von einem Journalisten befragt, was dann aber nur den Vortrag beziehungsweise irgendwas Zoologisches oder Botanisches betraf.

Einmal haben Sie sich vor Presse und Fotografen sogar mit Dschingis Khans ...

Das waren die Journalisten, die bei bestimmten Anlässen den Bungalow belagerten. Denen habe ich gesagt, ich sei die Großmutter von Dschinghis Khan, weil ich so ein bisschen asiatisch aussehe. – Einmal bin ich vor viel Presse aufgetreten, ohne es zu wollen und ohne dass es geplant war – während des Karnevals. Nach alter Gewohnheit kamen der Bonner Karnevalsprinz und seine Prinzessin – im vollen Ornat – immer ins Kanzleramt. Der Kanzler musste den Prinzen begrüßen und die Karnevalsprinzessin küssen. Der Prinz und die Prinzessin kamen mit großem Gefolge in die Empfangshalle des Kanzleramtes. Viele Menschen und eine Menge Presse waren anwesend. Es gab einige Stuhlreihen, aber die meisten Jecken in ihren Kostümen standen. Auf einmal erschien einer der Sicherheitsbeamten und flüsterte mir zu: »Der Kanzler hat eine ganz wichtige Sitzung, die er nicht verlassen kann.« Daraufhin habe ich trocken geschluckt, bin auf die Treppe gegangen, und ich erinnere noch ganz genau, dass ich angefangen habe: »Heute sind ja die tollen Tage in Bonn.« Ich glaube, dann hörten auch alle zu, und ich habe erst einmal die Kabinettsmitglieder und den Bundeskanzler entschuldigt. Ich weiß nicht mehr, was ich gesagt habe, jedenfalls wurde das mit Alaaf und ...

... Helau ...

... Helau – nein, »Helau« ist Mainz und Düsseldorf, in Bonn, Köln und Aachen heißt es »Alaaf«, das habe ich ja gelernt! Anschließend kamen der Prinz und die Prinzessin zu mir, es gab die Schmatzerei, und das war's dann. Ich muss aber ehrlich sagen, die karnevalslüsterne Menge hat mir einen ganz schönen Schrecken eingejagt! Man weiß ja, dass sie den Karneval sehr ernst nehmen. Irgendwann musste ich dann sagen: »Geht jetzt schön nach Hause.« Da war ich mittlerweile aber schon erleichtert, dass ich diese nicht ganz einfache Situation gemeistert hatte. Den Anfang dieses besonderen Karnevalstreibens im Kanzleramt werde ich nie vergessen. Dass ich da gestanden habe, und alle guckten mich erwartungsvoll an, und ich habe gesagt »Wir haben jetzt die tollen Tage in Bonn.«

Das kann ich mir vorstellen.

Hinter den Kulissen waren es auch politisch tolle Tage. Deshalb konnte Helmut seine Sitzung nicht verlassen.

Loki, Ihr Mann ist während seiner Kanzlerschaft mehrfach ernsthaft erkrankt. Wie äußerten sich diese Krankheiten?

Unterschiedlich natürlich, weil es ja unterschiedliche Krankheiten waren. Eine Krankheit erinnere ich, da ging es ihm wirklich sehr, sehr schlecht. Er lag mit vierzig Grad Fieber im Bett; vorher, als das Fieber noch nicht so hoch war, war er immer wieder aufgestanden, um zu arbeiten. Kurz bevor er dann umzukippen drohte, legte er sich schnell wieder hin. Irgendwann aber kam der Augenblick, da konnte er nicht mehr. Schnell war der Chefarzt des zentralen Bundeswehrkrankenhauses in Koblenz, Dr. Wolfgang Völpel, gekommen und hatte gesagt: »Sie *dürfen* nicht aufstehen!« Und zu mir: »Bitte zweimal am Tag Fieber messen. Hier lasse ich Ihnen Medikamente, und bitte rufen Sie mich jedes Mal an, wenn Sie Fieber gemessen haben, ich sage Ihnen dann, welche Medikamente Sie Ihrem Mann geben müssen.« Das war also eine sehr präzise Abmachung, und genau so haben wir es auch gemacht. Ich habe gemessen, Koblenz angerufen, und dann hieß es, zwei Pillen davon und eine davon. Helmut hat während der Zeit meistens vor sich hin gedöst, und ich habe mir ganz schön Sorgen gemacht.

Und es war keine Krankenschwester im Haus?

Nein. Ich war ja da. Außerdem war ich da schon …

… Hilfskrankenschwester …

… Hilfskrankenschwester. Nein, es war nicht nötig, dass für diese Aufgaben noch jemand anders hinzugezogen wurde. Außerdem hatte ich ehrlich gesagt auch keine Lust, irgendetwas anderes zu tun, als für meinen Mann da zu sein. Und meine Frau Pirwitz hielt Handwerker und wer sonst noch in dem Bungalow war, dazu an, leise zu sein, kurz: Sie durften nicht arbeiten.

Wenn solche Krankheiten auftraten, wurden Sie dann nicht von den Medien bedrängt, irgendwas zu sagen?

In diesem Fall, wo es wirklich eine ernsthafte Sache war, haben sie uns in Ruhe gelassen. Helmut wollte auch nicht ins Krankenhaus, weil damals, im Februar 1975, eine dramatische Situation zu bewältigen war. Die Terrorgruppe, die sich RAF nannte, hatte den Berliner CDU-Politiker Peter Lorenz entführt und drohte, ihn zu ermorden, falls nicht einige ihrer terroristischen Komplizen aus dem Gefängnis entlassen würden. Mein Mann hat – auch auf Drängen der CDU hin – dem Austausch Lorenz' gegen die Gefangenen schließlich zugestimmt. Ich bin sicher, wenn er bei Kräften gewesen wäre, hätte er anders entschieden. Richtig gefährlich erkrankte Helmut im Oktober 1981. Er litt unter Herzrhythmusstörungen, war ohnmächtig gewesen und umgefallen. Das ist ihm häufig passiert. Mal war er für ein paar Sekunden weg, mal dauerten solche Absenzen auch länger. Zwei Tage nach einer großen sogenannten Friedensdemonstration in Bonn wurde es dann richtig kritisch. Er wurde ins Krankenhaus gebracht. Als ich ihn dort besuchte und auf einen unmittelbar bevorstehenden Besuch von KP-Chef Breschnew ansprach, fragte er mich: »Wer ist Breschnew?« Ich bin erschrocken. Helmuts Kurzzeitgedächtnis war weg. Es kam jedoch bald wieder. Er bekam dann einen Herzschrittmacher eingesetzt, und danach ging es ihm besser. Er hatte elf Kilo abgenommen. Diese und andere Krankheitsfälle Helmuts zeigen, welchen Anstrengungen und welchem Verschleiß ein Mensch im Kanzleramt ausgesetzt war und ist.

Welche großen Belastungen auf einen Bundeskanzler zukommen können, zeigte sich besonders, als im Oktober 1977 palästinensische Terroristen die Lufthansamaschine »Landshut« entführten und damit die Freilassung von Mitgliedern der Baader-Meinhof-Gruppe aus dem Gefängnis erpressen wollten. Damals stand Ihr Mann vor schwerwiegenden Entscheidungen.

Gerade an dem Tag vor der Befreiungsaktion hatte er Schriftsteller zu einem Gespräch eingeladen; es war ein Sonntag. Er hoffte, von Max Frisch, Siegfried Lenz, Heinrich Böll und ein paar anderen mehr über die Motive der meist sehr jungen Terroristen erfahren zu können. Ich war ebenfalls bei der Diskussion im Kanzlerbungalow dabei sowie zwei Kabinettsmitglieder, der damalige Bundesminister für Forschung und Technologie, Hans Matthöfer, und der Arbeits- und Sozialminister Herbert Ehrenberg. Wir redeten ungefähr fünf Stunden lang miteinander, und es war ein sehr ernsthaftes, tiefgreifendes Gespräch. Letztlich mündete es in der Erkenntnis, dass wir bei der Auseinandersetzung mit den Terroristen vor einer tragischen Situation stünden, aus der es keinen Ausweg ohne schuldhaftes Verhalten geben könne. Währenddessen wurde mein Mann immer wieder zu Telefonaten oder Unterredungen aus dem Raum gerufen. Die Schriftsteller waren schon ungehalten wegen der vielen Störungen, doch irgendwann verstanden sie, dass etwas Außergewöhnliches anstand. Helmut hatte ihnen aber nicht gesagt, was los war.

Hat Ihnen Ihr Mann in den Tagen zuvor gesagt, dass er vor einer schweren Entscheidung stehe – Freilassung der Terroristen oder Befreiung der Geiseln im Flugzeug?

Er hat mir nichts erzählt. Ich habe ihm aber natürlich angemerkt, unter welchem ungeheuren Druck er stand. Außerdem tagte im Bungalow immer wieder der Krisenstab, den Regierungsmitglieder und die Führer der Opposition bildeten. Wenn jemand aus dem Raum kam, habe ich immer versucht, von dessen Gesicht abzulesen, wie die Lage war. Aber zu mehr als Vermutungen bin ich dabei nicht gekommen. Ich bin noch heute beeindruckt davon, wie eng Regierung und Opposition, die sich doch sonst so bekriegten, in jenen Tagen miteinander gearbeitet haben. Natürlich wurden auch unterschiedliche Meinungen darüber geäußert, wie man beispielsweise mit den gefangenen Terroristen in Stammheim umgehen sollte. Insgesamt jedoch dachten alle immer nur daran, welche Lösung die beste für die Bundesrepublik sei.

Wussten Sie in der Nacht vom 17. auf den 18. Oktober, dass die »Landshut« von der GSG 9 gestürmt werden sollte?

Das war viel zu kitzelig; von der Befreiungsaktion hat mir mein Mann nichts erzählt. Die meiste Zeit war er ohnehin in Krisensitzungen. Wenn ich ihn mal kurz sah, schwieg er eisern, obwohl seine Nerven bestimmt bis zum Zerreißen gespannt waren. Und, vielleicht noch ein Grund für Helmuts Schweigen: Wir wussten nicht, ob wir im Bungalow abgehört wurden.

Hat Ihnen Ihr Mann am Morgen danach von der erfolgreichen Befreiungsaktion erzählt?

Der war völlig erschöpft nach diesen Wochen voller Anspannung und nach dieser Nacht. Ich habe ihm die Erleichterung aber deutlich anmerken können; es war eine ungeheure Last von ihm gefallen.

Mit seiner Lage im Park, abseits des Blickfelds der Öffentlichkeit, eignete sich der Kanzlerbungalow ja besonders gut für vertrauliche Treffen wie die Mogadischu-Runde.

Helmut hat diese Möglichkeit auch häufiger genutzt für Begegnungen, über die nicht sofort oder überhaupt nicht öffentlich berichtet werden sollte. Franz Josef Strauß etwa war mehrfach im Bungalow. Mein Mann und der Ministerpräsident von der CSU haben sich zwar oft öffentlich beharkt, aber weil sie beide intelligente und gebildete Menschen waren, haben sie einander persönlich durchaus respektiert. Wenn es um Fragen von nationalem Interesse ging, vor allem in der Außenpolitik, haben sie, wenn es nötig war, miteinander geredet. Strauß wurde dann diskret vom Flughafen abgeholt und vor die Tür des Bungalows gefahren. Ich fand das alles durchaus nützlich und sinnvoll.

Haben Sie von diesen Begegnungen gewusst?

Natürlich, ich wohnte ja im Bungalow. Ich habe Strauß kommen und gehen sehen. Bei den Unterhaltungen zwischen den beiden bin ich aber selbstverständlich nicht dabei gewesen.

Ihr Mann hatte als Kanzler eine ungeheure Arbeitslast zu tragen und war dementsprechend angespannt. Manchmal – das vermute ich zumindest – verhielt er sich auch schroff gegenüber Mitarbeitern. Konnten Sie gelegentlich das soziale Klima in seiner Umgebung aufhellen?

Die Leute in seiner engsten Umgebung kannten Helmut gut genug; wenn er mal etwas sagte, was nicht so ganz schön war, wussten sie, wie sie damit umzugehen hatten. So zum Beispiel das Sekretariat und das »Kleeblatt«, Helmuts wichtigstes Beratergremium, das aus Hans-Jürgen Wischnewski, dem Staatsminister im Bundeskanzleramt, Pressesprecher Klaus Bölling und dem Leiter des Bundeskanzleramts, Manfred Schüler, bestand. Lilo Schmarsow, die Leiterin des Kanzlerbüros, kannte ihren Chef sehr gut. Sie hat so manche Woge geglättet. Zu mir kam mehr das Fußvolk, wenn es des Trostes bedurfte, also zum Beispiel Helmuts Fahrer.

In zwei Wahlkämpfen, 1976 und 1980, haben Sie sich persönlich engagiert. Wann und in welcher Weise?

1976 habe ich offiziell meine erste Stiftung gegründet, die »Stiftung zum Schutz gefährdeter Pflanzen«. Das geschah in Bonn.

Trotz aller politischen Gegnerschaft: Helmut Schmidt
und Franz Josef Strauß respektierten einander;
im Bundestag 1977

Doch wie war das nun mit den Wahlkämpfen?

Da ich für diese Stiftung Bundesgenossen brauchte, habe ich diese Zeit für meine Zwecke genutzt. Wenn Helmut während der Wahlkämpfe irgendwo auftrat, habe ich ihn begleitet. Hatte er an dem jeweiligen Ort während des Tages anderes zu tun, besuchte ich Naturschutzgruppierungen. Wenn Helmut abends seine große Wahlrede hielt, versuchte ich, dabei zu sein; das klappte aber nicht immer – drei oder vier Mal kam ich etwas später dazu –, und Helmut sagte dann immer: »Ach, da kommt ja meine Frau.« Riesenbeifall. Irgendwann sagte dann einer der Sicherheitsbeamten: »Frau Schmidt, tun Sie uns doch einen Gefallen und kommen Sie immer ein bisschen später.« Das haben wir dann auch so gemacht.

Aber Sie hatten doch auch allein Auftritte im Wahlkampf?

Ich selbst habe nie Wahlkampfreden gehalten. In Amerika hätte ich das in meiner familiären Position bestimmt tun müssen, aber zu jener Zeit schien mir das in der Bundesrepublik nicht besonders angebracht zu sein.

Ihr Mann ist zwar sehr gelobt worden, vor allem im Ausland, aber es gab auch Kritik.

Oh ja, es gab heftige Kritik. Und auf die Kritik, die ich in Zeitungen gelesen habe, habe ich anfangs immer wie eine Löwin reagiert, die ihre Jungen verteidigen muss – entweder der Zeitung oder demjenigen gegenüber, der den Artikel geschrieben hatte. Ich habe mich öfter schon sehr aufgeregt, manchmal auch laut. Das Laute hat dann aber höchstens mein Mann gehört. Doch gelegentlich hat mich Kritik, besonders wenn sie ungerechtfertigt war, so geärgert, dass ich mich einfach laut äußern musste. Auch wenn ich allein war. In solchen Fällen habe ich mir selbst irgendein schlechtes Wort zugerufen, das eigentlich jemand anderem galt. Dann war es aber auch wieder vorbei. Natürlich gab es gegenüber meinem heißgeliebten Mann auch kritische Bemerkungen, bei denen man durchaus sagen konnte, na ja, so kann man das auch sehen. Vor allem im Bundestag wurde damals ja oft sehr deutlich geredet. Manchmal habe ich die Reden vorher gelesen, die Helmut halten wollte, und die waren auch nicht immer sanft.

Haben Sie ihm dabei Hinweise geben können?

Wir haben immer mal wieder von »Lieschen Müller« gesprochen. Manchmal habe ich versucht – besonders zu Anfang seiner Regierungszeit –, die Stimme des Volkes zu vertreten. Politik war ja nicht mein Feld. Doch als Helmut Regierungschef wurde, hatte ich schon etwas mehr über Politik gelernt. Da war ich beinahe so eine Art Halbprofi, oder zumindest politisch angehaucht, und wusste, wovon die Rede war. Von Wirtschafts- und Finanzpolitik hatte ich vorher doch überhaupt keine Ahnung.

Wenn Sie dann im Bundestag waren, häufig mit den Sekretärinnen Ihres Mannes …

… haben wir auf der Tribüne gesessen und uns natürlich ruhig verhalten. Es wäre unmöglich gewesen, etwas zu sagen – stellen Sie sich mal vor, die Frau des Redners explodiert da oben auf der Tribüne …

Oder die Frau des Mannes, der attackiert wird, schreit »Du Lügner!« oder so etwas in den Saal.

Zum Beispiel. Das wäre aber zumindest eine anständige Pressemitteilung geworden.

*Besonders heftige Kritik gab es nach der Bundestagswahl
1976, als das Ministerium für Arbeit und Sozialordnung
unter Walter Arendt die künftige Finanzierung des Renten-
systems offenbar nicht richtig berechnet hatte. Die Opposition nutzte den gravierenden Fehler und bezichtigte die
Regierung und vor allem den Kanzler der »Rentenlüge«.*

Helmut hat diese Kritik sehr getroffen. Sie hätte wohl
jeden geschmerzt, denn man versucht ja, sich auf seine
Leute – in diesem Fall den Bundesminister Arendt – zu
verlassen.

*Ihr Mann hat immer großen Wert darauf gelegt, eine solide
Politik zu verantworten. Nun hatte die Opposition einen
Grund, ihm am Zeug zu flicken, und hat das ausgenutzt.
Er hat einmal gesagt, der Vorwurf der Rentenlüge habe ihn
stärker getroffen als jede andere Kritik.*

Das glaube ich ihm. Unredlichkeit bei der Arbeit eines
Ministeriums muss ihn sehr verletzt haben. Gerade in der
Wirtschafts- und Sozialpolitik hat er immer großen Wert
auf Solidität gelegt.

*Die Zeit des Doppelbeschlusses war für ihn ebenfalls hart,
weil er oft attackiert und von der sogenannten Friedensbewegung gar als »Raketenkanzler« tituliert wurde.*

Die Friedensbewegung hielt ja große Kundgebungen in
Bonn ab. Ich habe Helmut meine Meinung über die Demonstranten gesagt, und danach haben wir nicht mehr
über dieses Thema geredet.

Wie war Ihre Meinung?

Jetzt geht es uns in Deutschland endlich wieder ein
bisschen besser, und da machen die solch ein Theater.

Das sind verwöhnte Bälger, die da auf den Straßen marschieren. Später habe ich Leute aus der Generation der Demonstranten kennengelernt, zum Beispiel Naturwissenschaftler, die nie auf die Straße gegangen sind. Die habe ich natürlich ausgefragt, und sie sagten: Für solche Albernheiten wie dauernde Demonstrationen haben wir keine Zeit oder kein Geld. Aus. Das war eine konkrete Aussage, die ich nachvollziehen konnte.

Der Doppelbeschluss wird meiner Meinung nach in fünfzig Jahren oder so möglicherweise als die größte politische Leistung des Kanzlers Schmidt gelten, denn er war der erste dicke Nagel in den Sarg der Sowjetunion. Haben Sie mal jemanden getroffen, der damals protestiert hat und der heute sagt: »Mensch, wir haben damals falsch gelegen.«?

Nein. Es waren ja meist Jüngere, die auf die Straße gegangen sind.

Es waren nicht nur Junge. Ich habe Egon Bahr danach gefragt: »Haben Sie inzwischen eingesehen, dass Sie mit Ihrer Ablehnung des Doppelbeschlusses falschgelegen haben?« Das hat er verneint.

Ich will nichts Schlechtes über Egon Bahr sagen; schließlich bin ich mit seiner Frau zusammen in die damalige DDR gereist.

Im Wahlkampf 1976 wurde von der CDU der schöne Slogan benutzt: »Freiheit statt Sozialismus«. Die CSU sagte: »Freiheit oder Sozialismus«. Was haben Sie von dieser Wahlparole gehalten?

An die kann ich mich nicht erinnern. Ich habe in meinem Leben Erfahrungen mit vielen Sprüchen ähnlicher

Art gemacht. Als kleines Kind – ich ging wohl noch nicht zur Schule – bin ich 1923/24 einmal mit meinen Eltern in Hamburg bei einem Protestmarsch gewesen und habe das schöne Lied gelernt: »Nie, nie wollen wir Waffen tragen, nie, nie wollen wir wieder Krieg.« Wenn man später anfängt, über ein solches Lied nachzudenken, auch über die Menschen, die da mit auf der Straße waren ... Das waren Menschen, die sich zusammengefunden hatten und in derselben Richtung dachten. Darunter waren sicher viele Idealisten, aber im Gegensatz zu den Friedensdemonstranten in den achtziger Jahren nur wenig Träumer und schon gar keine Ignoranten, die die politische Wirklichkeit nicht erkannten oder sich gar vor ihr scheuten.

Dieser Slogan »Freiheit statt Sozialismus« impliziert ja, dass Ihr Mann für Sozialismus gestanden habe, was ziemlich abwegig ist.

Das kann man sagen. Ich möchte mich da nicht so genau äußern, aber Ihnen gegenüber will ich doch erwähnen: Helmut hat sich nach dem Krieg natürlich die neuen oder wiedererstandenen Parteien genau angeguckt. Die Sozis waren die, bei denen er am meisten Zustimmung in sich selbst gespürt hat.

Er hat ja auch in der Gefangenschaft ausgiebig mit anderen Kriegsgefangenen über die politische Zukunft Deutschlands gesprochen.

Über die Zukunft Deutschlands haben sie im Gefangenenlager immer wieder geredet. Auch über die Sozialdemokratie und wofür sie in ihrer langen Geschichte gestanden hat. Ein begeisterter Parteimarschierer ist Helmut jedoch nie gewesen, was sicher auch eine Reaktion auf den Fanatismus in der Nazizeit war.

Aber er war sehr sozial eingestellt.

Ein Mensch, der in der Zeit unmittelbar nach dem Naziregime nicht sozial empfunden hätte, hätte mir gestohlen bleiben können. Es hat einfach eine spürbar andere Atmosphäre geherrscht. Jemand, der nüchterner ist als ich, könnte das ziselierter ausdrücken. Ich kann nur sagen: Die Stimmung gleich nach dem Krieg, beispielsweise in Hamburg, war zwar sozial, aber sie war auch im guten Sinne konservativ. Viele der Werte, die die Nazis mit Füßen getreten hatten, mussten wiederbelebt werden.

Außerdem – wenn Sie sagen, Ihr Mann sei kein Parteimarschierer gewesen –, die Partei war ja in ihren Ritualen manchmal auch ein bisschen kleinkariert, was ihn nicht gerade für sie eingenommen haben dürfte.

Sicher nicht. Aber das ist ein weites Feld, auf dem wir uns nicht verlieren sollten.

Die Bundestagswahl am 3. Oktober 1976 schien sehr spannend zu werden. Es war die erste Wahl Ihres Mannes als Kanzler, und die Vorhersagen deuteten auf ein sehr knappes Rennen hin. Können Sie sich noch erinnern, wie Sie den Wahltag verbracht haben?

Wir haben in Hamburg gewählt, so um die Mittagszeit. Unser Wahllokal war die Schule Neubergerweg, also nicht weit von uns.

Sie sind wahrscheinlich am Tag vorher nach Hamburg geflogen.

Auf dem Weg zum Wahllokal 1976:
Ein Gruß an die Langhorner Nachbarn

Da die Wahlen immer am Sonntag stattfinden, sind wir am Freitag oder Sonnabend nach Hamburg gefahren.

Haben Sie Ihrem Mann vor der Wahl irgendeine Nervosität anmerken können?

Nein. Am Wahltag war langes Schlafen angesagt; das Kommando lautete: »Weck mich nicht!« Das ist bei Wahlen immer so gewesen, dass er gesagt hat: »Heute ist Wahltag, da können wir endlich ausschlafen.« Dieses Schlafbedürfnis am Tag einer so wichtigen Entscheidung dürfte ein wenig über seine Gemütsverfassung aussagen, die ich schon als ziemlich gelassen bezeichnen möchte.

Die meisten Politiker gehen gern früh zur Wahl, damit sie ins Fernsehen, in die Mittagsnachrichten oder ins Radio kommen, um sich auf diese Weise den Wählern noch einmal in Erinnerung zu rufen.

Helmut hat sich in den Wahlkämpfen für den Bundestag immer sehr engagiert und auch verausgabt. Aber einen Tag vorher oder gar am Wahltag selbst war Schluss. Da war der Wahlkampf für ihn zu Ende. Beim Wählen in unserer Schule sind wir natürlich ausgiebig und von allen Seiten fotografiert worden. Wir standen immer vor einer ganzen Meute von Fotografen und Reportern. Mir hat der Trubel aber nichts mehr ausgemacht.

Wie war denn Ihre Stimmungslage an einem solchen Wahltag? Schließlich ging es dabei auch um Ihre Lebensumstände.

Das mag zwar stimmen, doch es war für mich nicht wichtig. In dieser Hinsicht habe ich mein Leben lang sehr altmodisch gedacht: Wo du hingehst, da will auch ich hingehen. Mit anderen Worten: Ich habe das nicht so empfunden, dass es am Wahltag um meine Lebensumstände ging, sondern es ging um seine.

Aber angenommen, die Wahl 1976 wäre verloren gegangen und er wäre nicht mehr Kanzler gewesen, das hätte doch für Sie bedeutet, dass Sie wahrscheinlich auch nicht mehr in Bonn geblieben wären. Ihre Lebensumstände hätten sich durch die Wahl schon sehr verändern können.

Ich glaube nicht, dass ich mir darüber Gedanken gemacht habe. Solche Gedanken haben Helmut und mich eigentlich nur ein Mal im Leben intensiv beschäftigt, und zwar zu der Zeit, als Helmuts amerikanischer Onkel August uns einlud, für immer nach Amerika zu kommen.

Das Dasein an der Seite des Kanzlers hat Sie auch nicht so fasziniert, dass Sie es gern noch etwas fortgesetzt hätten?

Nein, das kann ich so sagen. Aber ich habe während des Wahlkampfs 1976 und in den folgenden Jahren die Stellung meines Mannes – ich will nicht sagen, schamlos, aber doch intensiv – ausgenutzt, um mit meinem Naturschutz weiterzukommen. Sie hat mir die Möglichkeit gegeben, Kontakte zu knüpfen, Geld für den Naturschutz zu sammeln und einiges im Sinne der Natur durchzusetzen.

Können Sie sich noch erinnern, ob Sie am Wahltag allein waren, oder kamen Freunde vorbei?

Natürlich hat man miteinander telefoniert, aber Freunde sind nicht zu uns gekommen. Bei uns ist der Wahltag nicht wie Ostern und Pfingsten gewesen, wo man sich mit Freunden oder Verwandten trifft – es war eben Wahl.

Wissen Sie noch, wo Sie das Ergebnis erwartet haben?

Wir sind nachmittags nach Bonn geflogen. Vom Flughafen aus ging es dann mit dem Hubschrauber zum Kanzlerbungalow. Auf Helmut warteten am Wahltag ja noch eine Menge Termine in Bonn.

Wissen Sie noch, ob Sie Vorergebnisse schon am Nachmittag bekommen haben?

Dass man versuchte, die Ergebnisse vorher herauszukriegen, ist doch klar. Das ist bei den Parteien heute ja auch noch so. Aber wann wir zumindest ungefähr Bescheid wussten, wie die Wahl gelaufen war, kann ich nicht mehr genau sagen.

Es war 1976 ein ganz knapper Wahlsieg. Die Union hatte 48,6 Prozent, SPD 42,6 Prozent und FDP 7,9 Prozent. Die Union war somit die stärkste Kraft. Können Sie sich erinnern, dass der Wahlsieg gefeiert wurde?

Wir haben mit jemandem zusammengesessen und über die Ergebnisse diskutiert. Aber dieser Abend war für mich – oder für uns – wirklich nichts Weltbewegendes. Außerdem hatte Helmut den ganzen Abend über zu tun. Erst ein Treffen mit dem SPD-Vorsitzenden Brandt in der Parteizentrale, dann SPD-Präsidium und anschließend Fernsehinterviews im Kanzleramt. Zum Feiern blieb da weder viel Zeit noch die Kraft.

Haben Sie Ihrem Mann angemerkt, dass er erleichtert war, den Wahlkampf und die Wahl hinter sich zu haben?

Doch, die Erleichterung, dass der Kampf und die Entscheidung der Wähler hinter ihm lagen, war ihm anzumerken.

Aber es war doch auch schön für ihn, dass er die Wahl ge-
wonnen hatte. Jeder will eine Wahl gewinnen.

Darüber hat er sich natürlich gefreut, doch er hat seine
Freude nicht vor sich hergetragen. Dazu ist auch er zu sehr
Norddeutscher. Sie dürfen eines nicht vergessen: Wahlkampf bedeutet, dass man alles andere sozusagen beiseite-
legen muss. Manche Arbeit hat er für mindestens so wichtig gehalten wie die Wahl, und die musste liegenbleiben.
Das wird von den meisten Menschen nicht gesehen, dass
der Wahlkampf ein Herausreißen aus wichtigen Aufgaben
bedeutet. Das muss ich mal ganz deutlich unterstreichen.

Das hat ihn als pflichtbewussten Menschen natürlich sehr
gestört.

So ist es.

1980, sein zweiter Wahlkampf als Bundeskanzler. Die Union
trat mit Franz Josef Strauß an. Wie sahen Sie Strauß?

Einen intensiven Eindruck von Strauß habe ich gewonnen, als ich ein paarmal mit dem Taxi vom Münchner
Flughafen zu einer sogenannten Schönheitsfarm an den
Tegernsee gefahren bin. Das Erlebnis war immer gleich:
Zuerst sagten die Taxifahrer nicht viel, dann erkannten sie
mich und fingen an, auf Strauß zu schimpfen. Auf diese
Weise habe ich manches Detail aus seinem Leben gehört,
von dem ich nichts wusste und das ich eigentlich auch gar
nicht hören wollte, weil es sehr ins Private ging. Die Taxifahrer schimpften also auf Strauß, und zwar jedes Mal.
Dann kam aber sozusagen ein tiefes Luftholen und dann:
»Ein Pfundskerl!« Und man merkte ihnen an, dass sie das
auch meinten. Dieser »Pfundskerl« hinterher war genauso

echt wie das Schimpfen vorher. Ich fand das immer ganz interessant, weil es ja nicht einer, sondern mehrere Taxifahrer waren, die alle so auf Strauß reagierten.

Die Jahre nach 1980, nach der zweiten Bundestagswahl Ihres Mannes als Kanzler, waren für ihn besonders hart, weil die SPD ihm Schwierigkeiten machte …

… etwas andere Vorstellungen hatte als er …

Zum Beispiel, was die restriktivere Wirtschafts- und Finanzpolitik anging, für die Ihr Mann eintrat, und vor allem die Sicherheitspolitik, den Doppelbeschluss. Haben Sie das Rumoren in der SPD nachvollziehen können?

Ich habe ja nicht immer den Finger in der Partei gehabt, denn in diese Zeit fallen bei mir zwei Dinge. Zum einen meine Stiftung zum Schutz gefährdeter Pflanzen, auch mit ihrer Ausstrahlung im ganzen Land, mit den von ihr erworbenen Naturschutzgebieten. Zum anderen bin ich in dieser Zeit, statt Urlaub zu machen, für die Max-Planck-Gesellschaft im Ausland unterwegs gewesen. Nicht länger als vierzehn Tage oder drei Wochen zwar, ich weiß aber noch, dass einige Menschen meinten, ich müsste immer hinter Helmut herlaufen und Händchen halten. Gelegentlich musste ich mich wegen meiner Forschungsreisen verteidigen und habe dann gesagt: »Jedem Mensch stehen pro Jahr einige Wochen Urlaub zu.« Ich fragte dann manchmal: »Machen Sie gar keinen Urlaub?« – »Wieso, was hat das damit zu tun?« Solche Antworten kamen dann. Für mich waren diese Forschungsreisen zwar körperlich immer sehr anstrengend, aber da ich weg war vom Alltäglichen, waren sie doch auch erholsam.

Aufgrund Ihrer Forschungsreisen in ferne Länder hatten Sie immer Stoff für Gespräche mit Ihrem Mann. Sie haben Ihre Arbeit erledigt und er seine Arbeit. Das ist wohl sehr wichtig in einer Ehe.

Das glaube ich auch. Bei uns ist das heute noch so. Jeder von uns hat seine Aufgaben. Inzwischen gibt es übrigens durchaus auch mal Abende, wo wir uns ausgiebig über Naturschutz unterhalten. Ich habe ihn doch ein bisschen infiziert.

Deshalb war er ja auch sehr dafür, dass Sie Ihren eigenen Interessen nachgegangen sind.

Wir haben das zwar nie so ausgesprochen, aber so war es. Dass ich mit Anregungen aus einem ganz anderen Gebiet nach Hause kam, als er es kannte, das war wichtig.

Ein großes Thema während der späten siebziger, Anfang der achtziger Jahre war der Doppelbeschluss, der Verhandlungen über den Abbau der russischen Mittelstreckenraketen SS-20 oder bei Nichterfolg die Aufstellung der amerikanischen Pershing-II-Raketen in Europa vorsah. Was haben Sie davon gehalten? Hat Sie das interessiert?

Das muss doch jeden interessiert haben! Das war doch auch für Westeuropa unendlich wichtig. Wir lagen schließlich mitten im Zielgebiet der sowjetischen Mittelstreckenraketen.

Aber das Land war ziemlich hysterisch …

… ist von der Friedensbewegung hysterisch gemacht worden. Alle redeten von Angst, das war ja manchmal nicht mehr auszuhalten.

Petra Kelly vorneweg – haben Sie sie einmal kennengelernt?

Ich hatte nicht das Bedürfnis, denn Menschen, die nicht auch mal ganz nüchtern und sachlich sein können, liegen mir nicht. Und Helmut schon gar nicht, da sind wir uns beide einig. Ich war nicht einmal neugierig auf Frau Kelly. Das, was sie und ihr General Bastian über Gefahren und Bedrohungen äußerten, reichte mir.

Ein prominenter Gegner des Doppelbeschlusses war ein führendes SPD-Mitglied, Erhard Eppler. Was haben Sie über ihn gedacht?

Ich möchte mich nicht über einzelne Personen äußern.

Auch nicht über Oskar Lafontaine, der ebenfalls ein Gegner des Doppelbeschlusses war und Ihrem Mann das Leben sehr schwer gemacht hat?

Weiß Gott, und bei mir wollte er sich – wie kann man das nennen, »andienen« ist nicht das richtige Wort, »einschmeicheln«? Wenn er mal kam oder wenn wir uns irgendwo sahen, bekam ich immer einen extravaganten Blumenstrauß. Das war in den meisten Fällen nach Helmuts Kanzlerschaft.

Wo haben Sie ihn gesehen?

Wann war das mit der Ohrfeige? Es muss so um die Wahl 1980 gewesen sein, dass ich laut – wahrscheinlich im Freundeskreis – geschimpft habe: »Und wenn ich den Kerl treffe, dann knall ich ihm eine.« Wir begegneten uns kurze Zeit später, doch da war viel Presse dabei, und ich wollte denen dieses Vergnügen nicht gönnen.

Und wie war das mit den Genossen an der Basis? Sie sind nicht oft zu den Treffen Ihres SPD-Ortsvereins gegangen. Die haben Sie sicher vermisst, Loki!

Im Ortsverein Tangstedter Landstraße bin ich schon mal gewesen, und einmal habe ich denen etwas über Naturschutz erzählt. In der Siedlung, die 1923 unter anderem durch Eigenarbeit entstanden ist, wohnten mehr oder minder lauter alte Sozialdemokraten, mit denen ich immer gut zurechtgekommen bin. Übrigens: Heute brauchte ich weder ihnen noch anderen Leuten viel über Naturschutz zu erzählen; heute wissen alle, dass es Pflanzen gibt, die man in jedem Fall schützen sollte.

Daran haben auch Sie Ihren Anteil. – Ihr Mann hat nach der zweiten Bundestagswahl sehr harte Zeiten durchleben müssen, und im Frühherbst 1982 zeichneten sich gravierende Schwierigkeiten in der sozial-liberalen Koalition ab. Haben Sie etwas von dem nahenden Ende der Kanzlerzeit Ihres Mannes geahnt?

Kurz vor dem 1. Oktober 1982, dem Tag des konstruktiven Misstrauensvotums, wollte ich nach Brasilien, an den Nebenfluss Tabajos, ziemlich zur Mündung des Amazonas hin. Ich hatte von Projekten dort gehört, dass Bauern unter Obstbäumen oder Palmen Gemüse anbauten – sehr intensive Landwirtschaft, das wollte ich mir anschauen. Ich habe Helmut gefragt, ob ich trotz der angespannten Lage in seiner Koalition reisen solle, und er sagte: »Fahr du man ruhig los.«

Sie sind dann nach Brasilien geflogen. Haben Sie während der Reise gedacht, da könnte in Bonn etwas passieren?

Warten auf die Gäste eines Festes in der Bonner
Redoute, 1981

Nein, das habe ich nicht gedacht. Allerdings habe ich vermutet, dass am Ende des Jahres etwas passieren könnte. Helmut hatte mir zuvor eine Rede zum Lesen gegeben, die er kurz darauf halten wollte, und die hat mich darin bestärkt: Du kannst ruhig losfahren.

In dieser Rede deutete nichts darauf hin, dass er das Ende der Koalition kommen sah?

Soweit ich das erinnere, nein. Sonst wäre ich ja nicht gefahren. Nun kommt noch eines hinzu: Einer von Helmuts Sicherheitsbeamten schied aus, und ein neuer erschien, den keiner kannte. Deshalb fragte mich die Leitung der Sicherheit: »Können Sie den nicht mit auf Ihre Reise nehmen und ihn ein bisschen ›anlernen‹«? Ich hatte also auch noch einen Zögling dabei und somit eine besondere Aufgabe.

Zwei Tage nachdem Ihr Mann das Kanzleramt verloren hatte, waren Sie aus Brasilien zurück.

Jedenfalls war Helmut schon hier in Hamburg und von der Bevölkerung mit einem Fackelzug begrüßt worden. Das habe ich leider nicht miterlebt.

Wie fanden Sie ihn vor? Welchen Eindruck machte er auf Sie?

Einen gelassenen. Mehr kann ich dazu nicht sagen.

Können Sie sich erinnern, was Sie als Erstes zu ihm gesagt haben?

Nein, das weiß ich wirklich nicht mehr. Ich bin ihm wahrscheinlich um den Hals gefallen, und wir haben uns erst mal gedrückt. Pathetische Worte sagt man nicht, wenn man seinen Mann länger nicht gesehen hat und sich freut, dass man sich wiederhat.

… und wenn man Hamburgerin ist … Wie haben Sie selbst das Ende der Kanzlerschaft aufgenommen?

Auch gelassen, denn ich habe ohnehin nichts ändern können. Da ich aber immer für die kleinen praktischen Dinge in unserer Ehe zuständig gewesen bin, war ich schon bald anderweitig beschäftigt und habe mir überlegt: Was wird mit dem Umzug und so weiter?

Aber Sie waren nicht schmerz- oder gramgebeugt.

Nein. Ich hatte durchaus das Gefühl: Jetzt kommt etwas Neues. Und bei allen Vorteilen, die das bringen mag: Sooo lustig ist es ja nun auch nicht, Frau des Bundeskanzlers zu sein.

Nach Ihren Erfahrungen etwas mehr am Rande der Politik: Hätten Sie jemals selbst gern Politikerin werden wollen?

Man muss auch seine Grenzen kennen. *(lacht)*

Wer packt dem Kanzler die Koffer?

Sie sind immer gern gereist. Wie erklären Sie sich diesen Drang zur Bewegung und in die Ferne?

Ganz einfach: Ich bin mein Leben lang neugierig gewesen, und meine Neugierde konnte ich in jungen Jahren nicht im Ausland befriedigen, weil ich einfach kein Geld für Reisen dorthin hatte. Als es dann finanziell möglich war, bin ich häufig gereist, auch in ferne Gegenden und Länder. Meistens geschah das an der Seite von Naturwissenschaftlern und zu Forschungszwecken. Und ich lege Wert darauf, festzustellen, dass ich jede Forschungsreise selbst bezahlt habe. Das war für mich selbstverständlich.

Die Reisen an der Seite des Bundeskanzlers brauchten Sie nicht zu bezahlen, dabei kamen Sie ja sozusagen einer Pflicht nach. Und diese Reisen waren nun etwas ganz anderes und meistens wohl auch kein unbeschwertes Vergnügen?

Nein, weil einem klar war: Du stehst hier nicht als Frau Schmidt, sondern du stehst hier als Frau Deutschland. Das ist eine völlig andere Situation. Man muss, aber man will ja auch das eigene Land möglichst gut darstellen. Und dieses Pflichtgefühl verlässt einen während der ganzen Reise nicht. Das ist ganz schön anstrengend, weil man sich immer unter Kontrolle haben und der Situation entsprechend auftreten muss.

Wurden Sie vorher gefragt, ob Sie Ihren Mann begleiten wollten, oder war das bei bestimmten Reisen protokollarisch festgelegt?

Ich wurde nie gefragt, das war festgelegt.

Wenn es um offizielle Besuche ging?

Wenn es um offizielle Besuche ging, war festgelegt, der Gast kommt mit Frau oder ohne Frau.

Bekamen Sie vorab Informationen über das entsprechende Land?

Für mich gab es eine Mappe vom Auswärtigen Amt, in der sich eine geographische Beschreibung, Zahlen über das Bruttosozialprodukt, die Ausfuhren und die Einfuhren befanden.

Also Wirtschaftsdaten …

Wirtschaftsdaten, aber sehr vage nur. Wenn man das Material sorgfältig las, konnte man sich ein Bild machen, falls man sich das nicht längst vorher woanders gemacht hatte.

Erhielten Sie auch Dossiers über die jeweiligen Gastgeber?

Nein.

Die wurden nicht charakterisiert in diesen Akten vom Auswärtigen Amt?

Geht doch gar nicht, das wäre doch sehr undiplomatisch, einem bestimmte, meist wahrscheinlich sogar nicht ganz sympathische Profile der Gastgeber mit auf den Weg zu geben.

Ihr Mann hat solche Dossiers bestimmt bekommen.

Nein.

Auch nicht?

Dann hätte ich sie gesehen. Aber wir waren ja beide nicht ganz ungeübt. Entweder hatten wir über die Leute, die wir offiziell besuchten, schon durch andere gehört, oder wir sagten uns, wir lassen uns überraschen.

Aber Sie bekamen die Verhaltensregeln für die jeweils besuchten Länder? Was darf man – was sollte man tunlichst unterlassen?

Informationen über das Land und über die Bevölkerung bekamen wir, wenn auch begrenzt. Inoffiziell erkundigte man sich vorher bei Menschen, die das entsprechende Land kannten.

Der deutsche Botschafter in dem jeweiligen Gastland kam also nicht vorher zu Ihnen und sagte: Darauf müssten Sie achten, das sollte man berücksichtigen?

Vor offiziellen Reisen kam der Botschafter des betreffenden Landes, das wir besuchen wollten – der saß ja in Bonn. Er machte bei uns einen Anstandsbesuch. Unser Botschafter in dem jeweiligen Land kam nicht vorher zu uns, sondern empfing uns …

… am Flugzeug, bei der Ankunft im besuchten Land?

Natürlich. Oder er schickte einen seiner hochrangigen Angestellten, und wir gingen erst mal zu ihm in die Botschaft.

War das immer so, dass Sie zuerst in die Botschaft gingen?

Das ist unterschiedlich gewesen. Es kam ja auch immer auf die Tageszeit unserer Ankunft oder andere Gegebenheiten an.

Wer packte vorher die Koffer für Sie und Ihren Mann?

(lacht) Da kann ich nur lachen – wir natürlich!

Hatte der Bundeskanzler denn Zeit dafür?

Ich habe mal – ich glaube, es war in Persien – auf die Uhr geguckt, um festzustellen, wie viel Zeit ich für das Kofferpacken benötige; ich hatte es damals sehr eilig. In sechs Minuten hatte ich unsere beiden Koffer fertig gepackt, und die Hosen waren nicht verknautscht, sondern richtig ordentlich verstaut. Allerdings hatten wir auch nicht alle unsere Sachen ausgepackt, einiges war während des Besuchs in den Koffern geblieben. Man gewöhnt sich natürlich manche Dinge an; zum Beispiel diese Drahtbügel von der Reinigung – die habe ich immer mitgenommen. Wenn man sich Mühe gibt, kann man eine Hose auch über den Draht glatt hängen, und das nimmt nicht so viel Platz weg. Wir konnten ja auch nicht mit einer ganzen Serie Koffer losfahren. Wir hatten eigentlich – nicht eigentlich, sondern immer – jeder nur einen Koffer dabei.

Auch bei längeren Reisen?

Auch bei längeren Reisen. Einen Handkoffer mit dem Allernötigsten hatten wir natürlich auch mit.

Haben Sie für Ihren Mann vor Reiseantritt in Bonn gepackt?

Ja. Obwohl er manchmal sagte: »Ich hab Zeit genug«, dann hat er das selbst gemacht. Aber unterwegs habe ich meistens unsere beiden alten Koffer gepackt. Normalerweise hatten wir auf den offiziellen Reisen auch ein gemeinsames Schlafzimmer, sodass ich alles griffbereit hatte. Wenn wir zwei verschiedene Schlafzimmer, womöglich noch mit einem Gang dazwischen, hatten, war das alles nicht so einfach. Ich glaube, in solchen Fällen hat Helmut seinen Koffer selbst gepackt. Er konnte das auch ganz gut.

Wurden Sie von den Gastgebern vorher gefragt, ob Sie getrennte Schlafzimmer oder ein gemeinsames haben wollten?

Das mussten wir so hinnehmen, wie es kam, wie es die Gastgeber arrangiert hatten.

Und war das in Hotels oder in den …

… Gästehäusern. Wir haben eigentlich alles erlebt, was man sich vorstellen kann: kleine Gästehäuser, größere Gästehäuser, Unterkünfte, die getrennt waren von einem Palastgebäude, Hotels – also alles außer ganz privaten Unterkünften, die es bei offiziellen Reisen nicht gegeben hat.

Haben Sie irgendeine Unterbringung als besonders originell in Erinnerung?

Die Unterkünfte waren mir völlig egal – wenn ich ein anständiges Bett hatte, in dem ich ordentlich schlafen konnte, war ich zufrieden. Ob ich aber beispielsweise im Abdin-Palast in Kairo, in dem einst der ägyptische König Faruk gewohnt hatte, gut geschlafen habe, wage ich zu bezweifeln, denn mir ging es sehr schlecht. Vor Antritt einer seit längerem geplanten Fahrt auf dem Nil war ich plötzlich schachmatt. Was ich genau hatte, weiß ich nicht, wahrscheinlich war ich auch wegen des Klimawechsels völlig erschöpft oder hatte mir irgendetwas eingefangen. Jedenfalls verordnete mir Dr. Völpel, der uns begleitende

Fahrt auf dem Nil zur Jahreswende 1977/78;
rechts Jehan Sadat

Im Gespräch mit dem Freund Anwar el-Sadat

Arzt, Bettruhe, versorgte mich mit Büchern und erklärte, er werde mich bei unserer Delegation krankmelden. Ich lag in einem riesigen Schlafzimmer des Palastes, einem richtigen Saal, und jedes Mal, wenn der Arzt zu mir kam, verbeugte er sich tief in der Tür wie vor einer Majestät. Ich fühlte mich ganz und gar nicht majestätisch. So einen Schwächeanfall hatte ich noch nie auf einer Reise erlebt; später ist mir so etwas auch nie wieder passiert. In Kairo jedoch konnte ich einfach nicht mehr. Aber das ging bald vorüber.

Mit Präsident Sadat haben wir dann die Nilfahrt unternommen. Ich habe mir die vorüberziehende Landschaft angesehen und mich gefreut, dass ich wieder auf den Beinen war. Sadat und mein Mann philosophierten bis tief in die Nacht, vor allem über religiöse Themen: Die drei monotheistischen Religionen, Christentum, Judentum und Islam, haben eine gemeinsame Wurzel. Das Alte Testament, für die Juden die Thora, das Neue Testament und der Koran sprechen alle von dem einen und einzigen Gott. Mein Mann war von dem Gespräch sehr fasziniert und hat diese Reise genossen. Ich fand sie ebenfalls interessant.

Doch zurück zu originellen Unterbringungen, nach denen Sie mich gefragt haben: Als angenehm erinnere ich das Blair House gegenüber dem Weißen Haus in Washington, in dem die Präsidenten ihre offiziellen Gäste unterbringen, oder das sehr schöne Palais Beauharnais in Paris.

Ich stelle jetzt eine Frage, obwohl sie sich wahrscheinlich erübrigt (lacht)*: Hatten Sie unterwegs jemanden dabei, der sich um Sie kümmerte – eine Art persönliche Referentin?*

Nein. Ich war ja schon groß.

Mit Journalisten in der Kanzlermaschine, 1978

Na ja, gut, aber ich meine … Sie hatten viel zu erledigen und mussten Pflichten wahrnehmen …

Ich weiß allerdings, dass es in Deutschland auch Leute gab, die eine ähnliche Rolle innehatten wie ich und die sich eine Friseurin mitgenommen haben.

Die gibt's wohl auch heute wieder. Aber Sie hatten keine Friseurin mit?

Nein.

Wie verliefen die Reisen im Kanzlerflugzeug? Sind Sie auch zu den Journalisten im hinteren Teil der Maschine gegangen?

Immer. Bei längeren Reisen bin ich eigentlich immer mal nach hinten gegangen und habe mich mit den Journalisten unterhalten. Aber das kennen Sie ja.

Wie kamen Sie denn zurecht mit den »Wegelagerern«, wie der Bundeskanzler Schmidt die Journalisten gelegentlich zu nennen pflegte?

Ich kann mich nicht erinnern, dass ich mal mit jemandem von der Presse Ärger hatte oder Meinungsverschiedenheiten; ich bin ja nun auch ein freundlicher Mensch.

Das stimmt. Und die haben Sie dann befragt und wollten wissen, was Sie von der Reise erwarten, oder …

Nicht, was ich erwartete; eigentlich wollten sie wissen, was ich schon erlebt hatte bei einer vorhergehenden Etappe der entsprechenden Reise. Auch darüber, was ich mir vorstellte in dem Land, das wir besuchen wollten, haben sie mich befragt. Weil Sie Helmuts Wort von den »Wegelagerern« benutzen: Ich bin eigentlich mit Journalisten immer gut ausgekommen, oder sind Ihnen mal andere Gerüchte zu Ohren gekommen?

Nichts dergleichen. Sie hatten immer eine gute Presse, Loki, weil Sie auch gut zur Presse waren.

Die begleitenden Journalisten waren für mich ja auch – vielleicht ohne dass sie es bemerkt haben – Auskunftsquellen. Die wussten oft über Land und Leute gut Bescheid.

Ihnen und Ihrem Mann wurde bei offiziellen Reisen – sofern es die Zeit zuließ – sicher das Beste vom Besten geboten: Naturschönheiten, Kunstwerke, künstlerische Darbietungen. Wo erlebten Sie, was ein solches Programm anging, die größte Überraschung oder die nachhaltigste Freude?

Natürlich bei architektonischen Sehenswürdigkeiten, bei Kunstausstellungen, in Museen. Ich habe bei offiziellen Reisen schon am ersten Tag oder vorher Wünsche geäußert, was ich sehen möchte. Und zwar zoologische Gärten, botanische Gärten und Ähnliches. Und das war für mich …

Vor Antritt der Reise haben Sie die Wünsche schon geäußert?

Ja, oder wenn wir angekommen waren. In Südamerika zum Beispiel eigentlich immer erst, wenn wir angekommen waren. Da war eine intensivere persönliche Vorbereitung aus der Entfernung heraus nicht jedes Mal möglich. Wenn es um meine Vorstellungen für das Besuchsprogramm ging, habe ich hübsche Sachen erlebt. Die Gastgeber – wo auch immer – waren es natürlich nicht gewohnt, dass die Frau eines offiziellen Besuchers ausgerechnet einen Zoo besichtigen wollte. Natürlich mussten dann einige Gattinnen von

Ministern oder anderen Hochgestellten mit mir marschieren. Bei fast allen war es das erste Mal, dass sie einen Zoo oder einen botanischen Garten gesehen haben. Ich freue mich noch heute darüber, wie entzückt die Damen waren und wie sie sagten: »Ach, das müssen wir beim nächsten Mal in das offizielle Programm aufnehmen!«

In welchen Ländern war das beispielsweise, in denen Sie Damen aus den Regierungskreisen zur Naturwissenschaft bekehrt haben?

In Ecuador zum Beispiel, das ist mir ganz besonders gut in Erinnerung geblieben. Zu Ecuador gehören ja die Galapagosinseln, und ich …

… Sie waren schon einmal dort gewesen.

Ich hatte einige Inseln schon einmal intensiv besichtigt und habe den erstaunten Gastgeberinnen Vorträge über diese wunderbaren Inseln gehalten. Sie haben mir zugehört wie eine lernbegierige Schulklasse. Aber die positive Reaktion hat mir Mut gemacht, in anderen Ländern ebenfalls darum zu bitten, ob ich Zoos oder botanische Gärten sehen könnte.

Öfter in Südamerika oder auch in Asien?

In Asien auch. Zoos und botanische Gärten gehören heute vielleicht mit auf ein offizielles Besucherprogramm, aber damals war das nicht der Fall. Dafür war immer mindestens ein halber Tag zum Einkaufen vorgesehen.

Den haben Sie aber nicht genutzt?

Wenn ich gesagt habe, ich wolle eigentlich nicht zum »Shoppen«, haben sich die Gastgeber meistens gewundert;

von offiziellen Besucherinnen waren sie offenbar anderes gewohnt. Natürlich habe ich mir häufiger die Haupteinkaufsstraßen in fremden Städten angesehen, man möchte ja wissen, was dort so angeboten wird, und um womöglich Hinweise auf den Lebensstandard im jeweiligen Land zu bekommen. Aber gekauft habe ich eigentlich kaum etwas.

Bei solchen Exkursionen waren Sie umringt von Damen?

Ja.

Botschaftergattinnen, auch die Frau des Regierungschefs …

Es war unterschiedlich. In Japan war nur die Frau unseres Botschafters dabei. Doch da wollte ich auch kein Shopping machen, sondern mir die Geschäfte angucken, um festzustellen, was denn die Japaner so konsumieren.

Museen haben Sie doch wahrscheinlich auch gesehen.

Museen, natürlich, eine ganze Menge.

Können Sie sich an irgendeins erinnern, das Ihnen besonders imponiert hat?

Die Tate Gallery in London mit ihrer einzigartigen Sammlung von Bildern William Turners oder den Porträts aus der Tudorzeit fand ich besonders beeindruckend. Auch die National Gallery of Art in Washington fand ich großartig. Was die da haben an Rembrandts, Raphaels, Dürers, Monets und so weiter. Da kann man nur staunen. Eine gute Erinnerung habe ich auch an das Air and Space-Museum in Washington. Dort sieht man das Flugzeug – die »Spirit of St. Louis« –, mit dem Charles Lindbergh als Erster über den Atlantik geflogen ist, außerdem werden dort Raumkapseln ausgestellt. Die großen Museen liegen alle an der Mall, die zum Capitol führt; das ist eine wunderbare Museumsmeile.

Sicher sind Sie von Ihren Gastgebern auch ins Theater oder in Konzerte geführt worden?

Aber natürlich; wenn so etwas auf dem Programm stand, hat man das selbstverständlich mitgenommen. Man bekommt ja einen etwas anderen Eindruck von einem Land, wenn man auch Theater oder Konzerte besucht. Im Moskauer Bolschoj-Theater – das ist ja eine nationale Institution – haben wir beispielsweise eine Oper gesehen. Aber außer den Fähnchen, die dort geschwenkt wurden, ist mir nicht mehr viel in Erinnerung. Es war halt manchmal etwas überwältigend, was uns geboten wurde, deshalb überlappen sich manche Eindrücke, oder ich habe sie schlicht vergessen.

Wenn Sie und Ihr Mann irgendwo offiziell auf Besuch waren, marschierte wahrscheinlich häufiger eine Ehrengarde auf. Aber das war sicher kein Schauspiel, das Sie besonders genossen haben …

Das will ich nicht sagen. Wenn eine Ehrengarde aufmarschierte, habe ich jedes Mal wieder bewundert, wie exakt die Soldaten das machten, und das war so am Rande natürlich auch ganz interessant. Dabei stellte sich gelegentlich heraus, dass die Garde, die da aufmarschierte, ein bisschen neugierig auf die Gäste war, besonders in Ostasien. Wenn sich einer der Soldaten beim Gucken ertappt fühlte, wenn man ihn anlächelte, dann fand ich das ganz lustig.

Sie haben erlebt, dass die Soldaten einer Ehrengarde menschliche Regungen zeigten?

Dass sie neugierig geguckt haben, aber nur versteckt, denn sie durften ja ihren Kopf nicht bewegen. Das habe ich jedes Mal versucht zu beobachten.

(lacht) *Sie haben die Soldaten auch dazu ermuntert durch ein Lächeln, oder?*

Natürlich habe ich, wenn mich jemand auch nur kurz gemustert hat, gelächelt. Dann haben die sich natürlich sofort wieder zusammengenommen und regungslos in die Leere geblickt.

Die Soldaten haben wieder Haltung angenommen. (lacht)

Wenn man da so auf dem Flugplatz oder einem Podest steht und die ganze Zeremonie über sich ergehen lassen muss, muss man sich doch irgendein kleines Privatvergnügen gönnen.

Ja, klar! – Ich nehme an, dass sich die Gastgeber beim Essen immer besonders angestrengt haben. Sind Ihnen Essen in Erinnerung, bei denen es besondere kulinarische Genüsse gab, obwohl Sie ja nicht so großen Wert auf Kulinarik legen?

Ach, ich mag schon gern was Schönes essen, aber so wichtig nehme ich das Essen nun auch wieder nicht. Mir sind schwierige Essen, besonders in China, in Erinnerung. Einmal wurden bei einem Staatsbankett weichgekochte Pferdesehnen serviert. Das schmeckte ein bisschen wie salziger Wackelpudding oder so etwas. Wie lange die wohl ihre Pferdesehnen gekocht haben, bis sie so weich waren … Ich bin ja nun Hausfrau und weiß, wie zäh Sehnen sind und wie intensiv man die mit dem Messer bearbeiten muss. Diese waren vollkommen weich gekocht, und sie waren eine Spezialität – das habe ich von meinem Nachbarn gehört, irgendeinem hochgestellten Chinesen. Aber grundsätzlich: Ich mag zwar etwas Schönes essen, doch dass ich das Essen nun besonders aufmerksam betrachte, kann ich nicht behaupten.

Aber Sie mussten nirgendwo so exotische Spezialitäten wie Elizabeth II. irgendwo in Afrika – Kuhaugen, glaube ich – herunterwürgen?

Also, diese Pferdesehnen waren schon apart genug … Kuhaugen? Nein … doch wenn die Gastgeber das gegessen hätten, hätte ich es auch gegessen, da kenne ich keine Scheu.

Und hatten Sie, beispielsweise in Südamerika, nie Schwierigkeiten mit der Verdauung?

Nein.

Nicht »Montezumas Rache«, wie Jimmy Carter einmal in einer Rede in Mexiko gesagt hat – zur Empörung der Gastgeber.

Na, das ist aber ein üblicher Ausdruck, hier in Deutschland auch.

Ja, aber in einer Rede – das war ein richtiger Fauxpas damals.

Eigentlich fand ich es ganz interessant, diese Speisen, die man nicht gleich einordnen konnte, zu identifizieren und dann auch zu probieren.

Die Speisekarten bei offiziellen Essen waren für Sie und Ihren Mann auch auf Deutsch?

Nein.

Aber Sie konnten Ihre Nachbarn fragen, was Ihnen gerade serviert wurde?

Bei kleineren Essen wurde das ja häufiger angekündigt und erläutert, bei großen Staatsbanketts nicht. Da habe ich es dann drauf ankommen lassen. Aber Sie sehen, das Essen hat bei mir keine so riesengroße Rolle gespielt, nur wenn es sehr fremd und exotisch war, war ich neugierig darauf.

Nicht immer fanden die offiziellen Besuche in entspannter Atmosphäre statt. Beim Antrittsbesuch von Kanzler Schmidt in Moskau im Oktober 1974 beispielsweise herrschten Spannungen wegen der Umsiedlung des Bundesumweltamtes nach Berlin. Haben Sie von solchen politischen Belastungen bei diesem oder anderen Besuchen etwas gespürt – wenn die Beziehungen nicht ganz so harmonisch waren?

Ich glaube, in Moskau hat Helmut nach dem Essen noch einige Leute aus unserer Begleitung in unsere Suite im Gästehaus gebeten. Sie haben sich sehr laut unterhalten und kritische Bemerkungen gemacht. Ich habe mal so eine Geste gemacht, mit dem Finger auf dem Mund – psst! Aber es hat nichts genützt. Helmut grinste mich später an und sagte: »Das war eine Unterhaltung, die bewusst für die Abhörer bestimmt war.« Mit dem Erfolg, dass am nächsten Tag das Thema, über das sich die Deutschen lauthals beklagt hatten, noch auf die Tagesordnung kam. Das Manöver für die Abhörer, die ihre Mikrofone überall in unseren Zimmern hatten, hat also gewirkt.

Um was für ein Thema es ging, wissen Sie nicht mehr?

Nein, das weiß ich nicht mehr.

Reisen in den Ostblock verliefen ja manchmal etwas eigenartig. So hatten Sie einige Schwierigkeiten mit Elena

Der Rahmen des Staatsbesuchs in Rumänien 1978 prächtig,
die Manieren der Ceauşescus nicht ganz so

Ceauşescu, der Frau des rumänischen Diktators Nicolae Ceauşescu, die selbst hohe Partei- und Regierungsämter innehatte und als ebenso engstirnig wie brutal galt.

Nicht nur mit der Frau, sondern auch mit dem Mann hatten wir Schwierigkeiten. Wir wurden von den beiden in einem kleinen Raum eines Palastes in Bukarest empfangen. Von dort führte ein Flur zu einer großen Halle. Und was hätten Sie gemacht, wenn jemand die Tür zu der Halle öffnet und Sie mit einer Handbewegung auffordert, zu gehen. Dann wären Sie als Gast losmarschiert …

… zuerst gegangen, ja.

Da war also der Flur, und Helmut und ich gingen voran. Plötzlich erhalte ich einen kräftigen Stoß mit dem Ellenbogen und Helmut auch. Die beiden schubsten uns zurück, weil sie als Erste in die Halle wollten. Sie war voller Menschen, und als der Diktator und seine Frau durch die Tür kamen, brauste der Jubel auf. Also, das war schon Byzantinismus pur, ekelerregend. Aber solche Rippenstöße wie von den Ceauşescus haben wir nie und nirgendwo wieder erleben müssen.

Haben Sie denn mit Frau Ceauşescu gesprochen?

Irgendwas haben wir natürlich miteinander geredet, aber das war sicherlich nicht bedeutend. Spaß hat es mir unter Garantie nicht gemacht.

Die Ceauşescus waren schon ein besonders unangenehmes Paar, und sie war, glaube ich, noch schlimmer als er.

Das ist das, was man hinterher gehört hat.

Sie sah wahrscheinlich schon so brutal aus.

Mit der Tochter des bulgarischen Staatspräsidenten
Todor Schiwkow im Römisch-Germanischen Museum Köln,
1979

Der Staatsbesuch in Bulgarien 1979 verlief
»angenehm locker«

Auf die Schönheit meiner Gastgeber habe ich nicht so sehr geachtet. Hin und wieder gab es aber mal jemanden, bei dem man gleich, wenn man ihn nur sah, wusste, dass man ihn mochte. Das ist aber ja andersrum genauso. Und was die Frau Ceaușescu angeht: Als attraktiv habe ich die wahrlich nicht in Erinnerung.

Etwas freundlicher gestaltete sich 1979 der Besuch beim bulgarischen Staatschef Todor Schiwkow. Der damals dienstälteste Alleinherrscher im Ostblock soll Sinn für Humor gehabt haben. Haben Sie davon etwas mitbekommen?

Oh – Schiwkow war ein Sonderfall. Er hatte eine erwachsene Tochter, die Kunstgeschichte studiert hatte und zu Studienzwecken im Römisch-Germanischen Museum in Köln gewesen war. Ich kannte sie von damals, und wir verstanden uns gut. Diese Tatsache hat sicher auch während unseres Besuchs bei Herrn Schiwkow eine Rolle gespielt. Ich erinnere noch, dass er uns ganz besonders herzlich begrüßte. Wir unterhielten uns in einer sehr angenehmen Atmosphäre. Schiwkow hatte Humor, sicher keine Selbstverständlichkeit für einen Ostblockführer, und er erzählte sogar Witze über sich.

Einen davon zitiert Ihr Mann in einem seiner Bücher: »Die orthodoxe Kirche hat in Hunderten von Jahren vergeblich versucht, das Volk zum Fasten zu bewegen. Wir haben das in wenigen Jahren geschafft.« Schiwkow besaß also Selbstironie …

… und, wenn man das bei einem offiziellen Besuch überhaupt sagen kann: Er war beinahe herzlich. Wir haben uns gut unterhalten. Nach einiger Zeit wollten die Männer dann allein weiterreden, und ich wurde bei einem Gärtner abgeliefert, der mir den Park der Residenz zeigen sollte.

Er konnte gut Deutsch, und dann hat er mir klargemacht, dass der Park von dem und dem Gärtner angelegt worden sei, und das habe der in Deutschland gelernt. Wirklich, bei Schiwkow war das ein ausgesprochen deutschland-freundliches Haus, bis zum Gärtner herunter. Das hat mich damals sehr erstaunt. Und was mich angeht, verlief der Besuch so angenehm locker, wie ich das bei anderen offiziellen Gelegenheiten nie erlebt habe.

Waren Sie noch in anderen Ostblockländern? Über Russland haben wir schon gesprochen …

Offiziell?

Ja. Polen oder Tschechoslowakei?

Ja, aber das war vorher, als meine Tochter und ich mit Helmut, damals noch Bundestagsabgeordneter, eine private Reise durch die beiden Länder in die Sowjetunion gemacht haben.

Wie war das, wenn Sie im Konvoi durch die häufig nicht sehr attraktiven Hauptstädte des Kommunismus fuhren?

Mir ist da nicht viel aufgefallen, was zu bemängeln gewesen wäre. Fahren Sie mal in Deutschland durch bestimmte Städte, die sind auch nicht immer prächtig.

Ich meine jetzt den Zustand der Hauptstädte im Ostblock. War der nicht manchmal ein bisschen armselig?

Dass die besonders schmutzig oder verkommen waren, kann ich nicht sagen. Wenn man da schnell durchfährt, vom Flughafen her etwa, bekommt man ohnehin nicht so viel mit. Ich nehme auch an, dass man an unserer Wegstrecke vorher ein bisschen aufgeräumt hat …

... seit Potemkin wussten die ja, wie das geht. – Ein beson-
deres Ereignis war doch sicher die Kanzlerreise nach China
1975. War das Ihr erster Besuch Chinas?

Ja, aber ich wusste schon einiges über China, weil mich
das Land immer interessiert hatte – die uralte Kultur,
die chinesische Malerei. Die kulturellen Leistungen der
Chinesen über die Jahrtausende hinweg habe ich immer
bewundert. Bei unserem ersten Besuch ist mir etwas
aufgefallen: Viele Lastwagen waren mit einem besonderen Gemüse beladen. Wie sich herausstellte, war das
Chinakohl, den wir in Deutschland erst nach dem Krieg
kennengelernt haben. Dieser leckere Kohl, das weiß ich
noch, ist mir aufgefallen, weil er in solchen Mengen durch
die Straßen gefahren wurde. Aber sonst waren kaum Autos
auf den Straßen, fast nur diese Wagen mit dem Kohl. Jahre
später war das natürlich ganz anders. Da fuhren nicht nur
mehr Autos auf den Straßen, auch die Menschen sahen
irgendwie verändert aus. Mitte der siebziger Jahre hatten
sie noch fast alle diese dunkle Einheitskleidung an.

Bei diesem Chinabesuch 1975 haben Sie Mao Tse-tung ken-
nengelernt.

Helmut und ich wurden in einen großen Raum geführt.
Mao drückte mir die Hand und murmelte etwas, das ich
nicht verstand, und begrüßte Helmut. Er konnte nicht
mehr richtig reden; Helmut hat sich allerdings später mit
Hilfe von Maos Dolmetscherinnen sehr lange mit ihm unterhalten und bemerkt, dass sein Geist noch sehr rege war.
Ich wurde nach der Begrüßung wieder hinausgeführt und
bin ins Auto gestiegen, in dem die Frau des chinesischen
Botschafters in Bonn saß, die mich begleitet hatte.

Die durfte nicht mit zu Mao?

Die durfte nicht mit. Sie hat mich sofort ausgefragt, wie die Begegnung mit Mao gewesen war. Vorher war sie sehr reserviert gewesen, aber nach meiner Schilderung hat sie meine Hand genommen, sie gedrückt und geküsst.

Die Innenfläche Ihrer Hand?

Sie küsste die Fläche meiner Hand, die kurz zuvor von Mao berührt worden war. Ich empfand das als bedrückend.

Für die Chinesen hatte Mao damals so etwas wie gottähnliche Züge.

Das war wohl so … Von Peking aus sind wir nach Ürümqi, der Hauptstadt des uigurischen Autonomengebiets Xinjiang der Volksrepublik China, gereist. Damals war Ürümqi noch eine – na, wie soll ich sagen – primitive Stadt mit einstöckigen, ebenerdigen Häusern. Vor jedem dritten Haus waren Lautsprecher aufgestellt. Die Menschen wurden also oft mit Propaganda berieselt. Was Helmut und mir sofort aufgefallen ist: Die Menschen sahen anders aus als die in Peking, ziemlich mongolisch.

Da fühlten Sie sich gleich zu Hause …

Halb. Helmut hat dann in einer Begrüßungsrede in einem Saal mit vielen Menschen genau das gesagt, nämlich: »Ich fühle mich hier wie zu Hause. Sie sehen alle so aus wie Verwandte meiner Frau.« Es gab jubelnden Beifall. Man rannte los und setzte mir eine Kappe auf; die Uiguren haben spezielle Kappen, und das gab dann noch mal Beifall. Bei dem Besuch ist uns auch klar geworden, dass sich der Volksstamm der Uiguren äußerlich sehr von den Chinesen unterscheidet.

Besuch beim greisen Mao Tse-tung, 1975

Die haben inzwischen auch viele Schwierigkeiten mit Peking.

Jetzt, wo sie anfangen, sich ihrer Kultur bewusst zu werden, gibt es häufig Auseinandersetzungen mit der chinesischen Zentralregierung. Ürümqi selbst muss sich in den vergangenen Jahrzehnten ganz gewaltig verändert haben. Mein Freund Reimar Lüst, der ehemalige Präsident der Max-Planck-Gesellschaft, hat vor einiger Zeit an der dortigen Universität einen Vortrag gehalten und mir anschließend von den Veränderungen in Ürümqi erzählt. Wo wir nur ebenerdige Häuser gesehen hatten, stehen inzwischen Hochhäuser, und die Stadt macht insgesamt offenbar einen ganz anderen, moderneren Eindruck.

Mitunter mussten Sie gemeinsam mit Ihrem Mann auch besonders niederdrückende Besuche absolvieren, wie 1977 den im ehemaligen Vernichtungslager Auschwitz.

Allein wenn man durch das Tor mit dem Spruch »Arbeit macht frei« geht, ist man erschüttert – dieser Zynismus … Wir waren auch in einer der Baracken. Wenn man sich vorstellt, wie viele Menschen dort eingepfercht wurden und unter welchen Umständen sie dort vegetieren mussten, kann man nur verzweifeln. Bei unserem Aufenthalt in Auschwitz waren auch Herbert Wehner und seine Frau Greta sowie unser Freund Siegfried Lenz dabei. Außerdem befand sich in unserer Begleitung ein polnischer Journalist, der später mit mir durch Warschau gegangen ist. Er hat mir Häuserecken oder kleine Nischen gezeigt, in denen Blumen und Gestecke lagen, manchmal stand dort auch eine Kerze. Er sagte, dass diese Ecken dem Publikum meistens vorenthalten würden; sie markierten nämlich

Stellen, an denen die Russen Polen umgebracht haben. Dem Journalisten lag sehr daran, mir diese Erinnerungsstellen zu zeigen.

Ihr Mann hat in Auschwitz eine vielbeachtete Rede gehalten, in der er darauf hinwies, dass Auschwitz eigentlich Schweigen gebiete, dass er als Bundeskanzler aber nicht schweigen dürfe.

Das war eine sehr würdige Rede. Helmut hat an die deutsche Verantwortung für die unfassbaren Verbrechen erinnert, aber auch daran, dass viele Deutsche ebenfalls unter dem Naziregime gelitten hätten. Siegfried Lenz hat mir dann später erzählt, polnische Freunde hätten ihm gesagt, dass Helmuts Rede großen Eindruck gemacht habe und im Laufe des Tages mehrere Male im Radio wiedergegeben worden sei. Diese Reaktion fand ich doch sehr erstaunlich. Sie war wohl ein Zeichen dafür, dass Helmut den richtigen Ton getroffen hat. Das war schwer genug, denn wenn man da durch das Tor gegangen ist, kann man eigentlich nur die Zähne zusammenbeißen und schweigen.

Der Besuch in Auschwitz war doch sicher der traurigste, den Sie je absolvieren mussten.

Das stimmt, weil es so erschütternd und unvorstellbar war, was die armen Menschen dort erlitten hatten. Und weil bei mir vieles aus der Vergangenheit wieder hochgekommen ist. Wenn wir heute einem Ausländer sagen, wir hätten von Auschwitz und all den anderen Verbrechen nichts gewusst, dann schaut der einen ungläubig an und sagt: »Wieso, Sie waren doch damals schon erwachsen.« Ja, ich war erwachsen, aber das heißt doch nicht, dass ich etwas über das Grauen in den Konzentrationslagern gewusst hätte.

Wer davon etwas wusste, der hat geschwiegen und der musste schweigen, weil er sonst selbst ins KZ gekommen wäre.

Ihr Mann hat in einem seiner Bücher geschrieben: »Oft sprach Loki mit den Gastgebern über ganz andere Dinge als ich, und nachts tauschten wir unsere Eindrücke dann aus.« Welche Gespräche mit Gastgebern sind Ihnen besonders in Erinnerung geblieben?

Ich habe ja schon erwähnt, dass ich mit Gastgebern in botanischen Gärten und vor allen Dingen in Zoos war, die der jeweiligen Oberschicht völlig unbekannt waren, und dass die sich dann richtig dafür begeisterten. Wenn wir offiziell unterwegs waren, bewegte ich mich meistens in einer ganz anderen Umgebung als mein Mann, der politische Gespräche führte oder mit den Gastgebern verhandelte. Ich traf auch ganz andere Menschen. Mir fiel auf, dass sich die Leute in anderen Ländern, zumal in Skandinavien oder Amerika, sehr rührend bemühten, wenigstens etwas Deutsch mit mir zu sprechen. Wie jener sehr streng anmutende Norweger, der sich nach dem Krieg und der Besatzung durch die Wehrmacht geschworen hatte, nie wieder Deutsch zu sprechen. Als mein Englisch in unserem Gespräch kurz versagte, sprach er von da an im klarsten Deutsch mit mir. Oder die Gespräche über Kunst, die ich während meines Programms bei Reisen führen konnte. In den siebziger Jahren hatten beispielsweise die Westeuropäer oder Amerikaner kaum oder gar keine Vorstellung vom deutschen Expressionismus oder Impressionismus. Nolde oder Kirchner, Worpswede oder Fischerhude waren für die meisten kein Begriff. Ich hatte aber den Eindruck, dass sie meine Hinweise ganz interessiert aufnahmen; einige meiner Gesprächspartner haben sich sogar Notizen für mögliche spätere Deutschlandbesuche gemacht.

Über Deutschland bin ich eigentlich nie besonders intensiv befragt worden. Das war für viele inzwischen ein ganz normales, wahrscheinlich auch ein bisschen langweiliges Land. Wenn die Rede auf unsere Vergangenheit kam oder gar Vorwürfe anklangen, brauchte ich nur zu sagen, dass wir in meinem Elternhaus nie die Hakenkreuzflagge herausgehängt haben, weil wir auch gar keine hatten. Dann war das Thema meistens erledigt. Stoff für den nächtlichen Erfahrungsaustausch mit Helmut während unserer Reisen gab es also genug. Ich konnte ihm aus ganz anderen Lebenswelten erzählen, die wenig gemein hatten mit den Umständen bei seinen offiziellen Gesprächen oder den Staatsbanketts, an denen ich ja auch teilnahm.

Saßen Sie denn bei offiziellen Essen immer zur Rechten des Gastgebers?

Eigentlich ja.

Sie haben die Mächtigen anderer Länder dabei einigermaßen intensiv kennengelernt?

Ob ich sie kennengelernt habe, ist etwas anderes. Aber ich konnte ihnen etwas erzählen, wenn sie mir ein Ohr zuwandten – ob das nun mit dem Kaiser von Japan war, den man nach dem strengen Protokoll gar nicht von selbst ansprechen durfte, oder mit Staats- oder Regierungschefs. Besonders tiefschürfend waren die Gespräche aber meistens nicht; es gab bei solchen Essen ja auch immer irgendwelche Reden.

Hatten Sie, wenn Sie sich nachts mit Ihrem Mann über Ihre unterschiedlichen Erlebnisse vom Tage austauschten, nicht die Sorge, dass Sie abgehört wurden?

Wir hatten schon das Gefühl, dass wir abgehört wurden – nicht in allen Ländern, aber in manchen; vor allem, wenn wir in Gästehäusern der Regierung untergebracht waren. In dem Fall haben wir uns natürlich nicht kritisch über die Gastgeber oder ihr Land geäußert.

Sie waren auch viel im Westen unterwegs auf Staatsbesuch. Haben Sie bei den Besuchen, etwa in Frankreich, bemerkt, welchen Stellenwert die deutsch-französischen Beziehungen haben – waren das besondere Besuche? Besonders glamourös?

Sie meinen jetzt die offiziellen Besuche?

Ja.

Wenn man in Versailles an einem hübsch gedeckten Tisch saß, war das schon etwas ganz Besonderes. Einen solch glanzvollen Rahmen können nur wenige Länder bieten. Ich habe diese einmalige Atmosphäre durchaus genossen.

Wo haben Sie denn gewohnt, wenn Sie in Paris auf Besuch waren?

Im Palais Beauharnais, der Residenz des deutschen Botschafters. Das wunderbar restaurierte Palais aus dem frühen 17. Jahrhundert war auch schon die preußische Gesandtschaft gewesen. Sehr prächtig. Aber wenn man da nachts mal verschwinden musste, ging es aus dem riesigen Schlafzimmer durch einen kalten Flur zum Klo. Ich habe mal mit einem Franzosen darüber gesprochen, wie das denn früher so gegangen sei. Er meinte, wenn Madame Sowieso Herrenbesuch empfing, seien die heimlich durch die Gartentür reingekommen. Und wenn sie sich erleichtern wollten, dann gingen sie vors Haus. Madame wird sicher ein hübsches Töpfchen gehabt haben. Das sind so Dinge, die einem auffallen, wenn man in einem so wunderschönen, aber alten Palast nächtigt.

Haben Sie bei Ihren Frankreichbesuchen auch etwas vom Land zu sehen bekommen?

Das, was wir in Frankreich unbedingt sehen wollten, hatten wir schon lange zuvor als Privatleute besichtigt: die Höhlen von Lascaux in der Dordogne. Dort gibt es Wandmalereien, die bis zu 20 000 Jahre alt sein sollen. Die Höhlenmalereien zeigen Auerochsen, Rehe, Pferde – erstaunlich gemalt für diese frühe Zeit. Wir durften damals noch in die Höhlen hinein. Mittlerweile sind sie für reguläre Besucher gesperrt, weil die Ausdünstungen der Besuchermassen diese einzigartigen Gemälde gefährden. Aber zu den offiziellen Frankreichbesuchen: Während der Zeit, als Giscard d'Estaing Präsident war, fielen die nicht so offiziell aus. Dazu sahen sich Giscard und mein Mann zu oft, außerdem waren und sind sie befreundet. Bei Besuchen in der Ära Mitterrand ging es schon etwas formeller zu, doch wir waren auch in seinem Sommerhaus und haben dort in entspannter Stimmung miteinander geredet. Danielle Mitterrand ist ja eine sehr selbständige und politisch engagierte Frau, mit der man sich gut unterhalten konnte.

Haben Sie mit Ihrem Mann auch Italien offiziell besucht?

In Italien waren wir nicht. In Europa bin ich ohnehin nicht so viel mit ihm unterwegs gewesen, denn die Besuche waren meist nur kurz. Aber auch wenn ich nicht bei einem offiziellen Besuch in Italien gewesen bin, den italienischen Staatspräsidenten Sandro Pertini habe ich kennengelernt. Er war ein besonders angenehmer Mann und ein Freund Deutschlands, obwohl er im Widerstand gegen die deutsche Besatzungsmacht gewesen war und einen Bruder im Konzentrationslager Flossenbürg verloren hatte. Wir trafen Pertini 1981 bei der Beerdigung Anwar el-Sadats, der ja ermordet worden war.

Zur Begräbnisfeier mussten wir eine längere Strecke über eine Asphaltstraße zurücklegen, bei glühender Hitze. Plötzlich nahm ich wahr, dass Pertini, der neben mir im Trauerzug ging – damals immerhin schon fünfundachtzig –, zu wanken und zu taumeln begann. Präsident Mitterrand und ich gingen nahe beieinander. Gemeinsam haben wir Pertini gestützt und sicher an seinen Platz für die Trauerfeier gebracht. Helmut hat mir hinterher erzählt, dass auch er wegen der Hitze beinahe ohnmächtig geworden wäre.

Gemeinsam mit Ihrem Mann waren Sie auch in Island. Ihnen als begeisterte Nordlandfahrer hat es dort bestimmt besonders gut gefallen?

Das kann ich nicht sagen, denn zwei Jahre zuvor war dort der Hekla, ein Vulkan, ausgebrochen. Die Auswirkungen zu sehen hat natürlich meine Neugier befriedigt, für die Bevölkerung aber war das nicht so schön. Wir haben ein Dorf besucht, wo gerade mal noch ein paar Dächer und ein halbes Haus aus der Lava guckten …

… aus der Asche?

Das Haus war nicht mehr bewohnbar, und wir haben gesehen, wie der Lavastrom dann ins Meer geflossen ist.

Die Leute haben einem mit einem gewissen Galgenhumor gesagt: »Das Haus ist weg, aber unsere Hafeneinfahrt ist durch diesen Ausfluss sehr viel günstiger geworden.«

Ihr Mann meint, Sie seien so überrascht gewesen von der Flora – von den sehr spärlichen, aber interessanten Pflanzen.

Sowohl in Island als auch in Nordnorwegen oder auf den Lofoten haben wir Pflanzen gesehen, die ich ähnlich aus der Alpenflora – in etwa zweitausend, dreitausend Meter Höhe – kannte. In Island wuchsen sie zwanzig Meter über dem Meeresspiegel. Es waren keine ganz identischen Arten, aber sehr nahe Verwandte, sodass man im Groben sagen konnte, in Norwegen, in Island findet man hauptsächlich Pflanzen, die bei uns auch in den Alpen wachsen, und das ist in der Tat überraschend.

Vor, während und nach der Kanzlerzeit Ihres Mannes haben Sie eigene Expeditionen zur Erforschung von fremder Flora und Fauna unternommen, die oft alles andere als komfortabel waren. Wie haben Sie den Kontrast zu den offiziellen Reisen verkraftet?

Was heißt »verkraftet«?

(schmunzelt) *Ja, das war doch wirklich ein Kontrast!*

Ja, aber das eine hatte doch mit dem anderen nichts zu tun.

Nein, aber es war doch sicher bequemer bei den offiziellen Reisen …

Nein.

Nein?

Bequem? Bei den Forschungsreisen brauchte man sich doch nur mit *einer* Sache zu beschäftigen. Entweder man beobachtete, oder man suchte, was man vermutete dort zu finden, oder man ließ sich überraschen. Auch wenn die Expeditionen häufig unter primitiven Umständen stattfanden, Paläste oder Fünfsternehotels habe ich nicht vermisst. Das Gefühl, dass ich da für mein Vaterland stand, hat mich bei offiziellen Reisen so gut wie nie verlassen. Mit solchen Repräsentationspflichten hatte ich auf einer Forschungsreise natürlich nichts zu tun. Sicher waren die anderen Reisen bequemer – ich brauchte nicht auf dem Oberdeck eines Schiffes oder gar auf der Erde zu schlafen. Aber wenn ich in der Natur forschte, brauchte ich diesen ganzen Luxus nicht. Dann habe ich mich auf meine Aufgaben konzentriert und mich daran sehr erfreut. Jetzt im Alter kann ich sagen, ich habe auf beiderlei Reisen Neues kennengelernt. Aber bei offiziellen Reisen war man immer Frau Deutschland, und bei Forschungsreisen konnte ich ganz ich selbst sein.

Gibt es Länder, die Sie gern noch einmal besuchen würden, wenn das Alter es zuließe?

Indien. Ich habe von Indien überhaupt nichts kennengelernt. Da sind Helmut und ich uns auch einig, Helmut sagt ebenfalls, wenn er die Frage gestellt bekäme, würde er sofort »Indien« sagen. Unter anderem natürlich auch, weil dieses Land wirtschaftlich sehr interessant geworden und auf dem Weg zu einer ökonomischen Großmacht ist.

Und in welchen der offiziell besuchten Länder würden Sie gern noch einmal als Privatperson auftauchen?

Wieder zu Hause, Bonn 1976

Ein Wiedersehen mit der Krim wäre sehr reizvoll, Armenien mit den vielen frühen Kirchen, Lateinamerika. Dort habe ich nicht so viele Länder kennengelernt, da würde ich gern noch manches erleben.

Sind Frauen die besseren Diplomaten?

Es hat den Anschein, als ob Sie immer eine starke, selbstbewusste Frau waren. Eine Schulfreundin oder eine Art Herzensfreundin haben Sie nie gehabt?

Ich hatte kaum richtig Freizeit. In meine persönliche Situation passte weder eine Freundin noch ein Freund. Und wenn ich mich zurückerinnere, war es bei uns in der Schule auch nicht üblich, dass Freundinnen nachmittags »zusammengluckten«. Womit sich die Mädchen ihre Zeit vertrieben haben, weiß ich nicht.

In Ihrer Bonner Zeit, also von 1969 bis 1982, als Ihr Mann Minister und dann Kanzler war, hatten Sie es meistens mit Männern zu tun?

In den Ministerien, zumal in den höheren Positionen, gab es damals fast nur Männer. Mit ihnen hatte ich dann sozusagen dienstlich zu tun.

Hatten Sie zu bestimmten Politikerfrauen in Bonn einen engeren Kontakt?

Eine lockere Beziehung hatte ich zu Dorothea Bahr, mit der ich noch vor ein paar Tagen telefoniert habe. Sie war die erste Frau von Egon Bahr. Damals war sie genauso neugierig auf die DDR wie ich. In den achtziger Jahren sind wir mit Erlaubnisschein nach Weimar und zu anderen Orten in Thüringen gefahren. Wir haben uns Zeit gelassen und das klassische Deutschland betrachtet, Weimar, Naumburg, die Wartburg. Wir hatten uns gut eingedeckt: Selbstgebackenen Kuchen, eine ganze Mettwurst und anderes hatten wir hinten im Kofferraum – für uns, aber auch, um es eventuell zu verschenken.

Hatten Sie einen Fahrer dabei?

Nein, nur wir beiden Frauen sind gefahren.

Wer saß am Steuer?

Weitgehend Dorothea.

Wie haben die DDR-Behörden auf Sie reagiert?

Wir hatten kein Problem an der Grenze. Zum ersten Mal haben wir auf der Wartburg erlebt, dass wir eine Art Sonderstatus hatten und schon erwartet wurden. Für die Wartburg gab es nur bestimmte Besuchszeiten. Die Besucher standen schon in einer langen Schlange. Da kam jemand zu uns und fragte freundlich: »Möchten Sie die Wartburg besichtigen? Dann kommen Sie mal mit!« Wir haben also eine Extraführung bekommen. Das war ziemlich am Anfang der Reise. Eines wussten wir von da an jedenfalls: dass wir unter Beobachtung standen. Wir haben allerdings nicht gedacht, dass wir die ganze Reise über verfolgt werden würden. Aber das kann ja auch ein Vorteil sein. Jedenfalls hatten wir bald das Gefühl, dass wir bevorzugt behandelt wurden.

Wir hatten uns gut auf diese Reise vorbereitet und einiges gelesen. In Naumburg haben wir uns selbstverständlich den Dom angesehen, der als eines der berühmtesten Bauwerke des deutschen Mittelalters gilt. Die Glasmalerei, das Chorgestühl und die Holzpulte für die Messbücher – alles aus dem Mittelalter und in hervorragendem Zustand – begeisterten mich sehr.

Haben Sie öfter mit normalen Bürgern der DDR sprechen können? Die erkannten Sie doch.

Wir waren vorsichtig. Dass wir erkannt wurden, ist auch mal vorgekommen, aber eigentlich selten.

An der Kleidung müssen Sie doch zu erkennen gewesen sein, und Sie waren doch bekannt.

Unsere Kleidung hat sich nicht sonderlich abgehoben von dem, was wir dort gesehen haben. Und ich war in der DDR wahrscheinlich auch nicht so bekannt. Während wir durch diesen spätromanischen und frühgotischen Naumburger Dom schlichen, sagte ich zu Dorothea: »Schau mal, alles wird in unserem Reiseführer erwähnt, aber dieses wunderschöne Schmiedegitter nicht.« Es markierte eine Abtrennung vom Hauptschiff zum Altarraum. Noch während ich das sagte, ertönte hinter uns eine Stimme: »Sie haben ganz recht, Frau Schmidt. Das ist wirklich etwas Besonderes, und ich bin immer ganz traurig, dass es in den Reiseführern keinen Hinweis darauf gibt.« Der Herr stellte sich dann als Domdechant, also als ein Mitglied der Kirchenführung, vor und fragte, ob er uns im Dom noch ein bisschen mehr zeigen solle. Wir haben das Angebot gern angenommen. Er hat uns viel über die Entstehungsgeschichte des Doms, sein Inventar und die kircheneigene Werkstatt erzählt, die für die Restaurierung und Instandhaltung all dieser mittelalterlichen Kirchenmöbel und Fenster zuständig ist. Ganz zum Schluss sagte er: »Wollen Sie nicht noch eine Tasse Kaffee bei mir trinken?« Da haben wir dann richtigen Bohnenkaffee bei ihm getrunken, was wir nicht erwartet hatten. Es hat sich ein interessantes Gespräch entwickelt. Dass er nicht Hurra geschrien hat über seine SED-Regierung, wurde schnell klar ...

Unser Gastgeber gehörte zu den Männern aus der Kirchengemeinde, die gewisse Herrschaftsfunktionen hatten. Sie konnten sagen: »Im Wald, der der Kirche gehört, dürfen in diesem Jahr drei Stämme abgeholzt werden« oder »Das Holz von vor zwei Jahren ist trocken genug, jetzt wird es für dies oder jenes benutzt«. Es war eindeutig, dass der Domdechant mit der Regierung in Ost-Berlin nicht einverstanden war. Aber er konnte das nicht so eindeutig sagen, weil er sich und seine Kirche nicht in Gefahr bringen wollte. Er balancierte also sehr sorgfältig und sehr gekonnt mit seinen Worten. Wir sind natürlich darauf eingegangen. Die Gelegenheit, in einer Privatwohnung – wo man einigermaßen sicher war, dass nicht abgehört wurde – mit einem DDR-Bürger reden zu können, wollten wir uns natürlich nicht entgehen lassen. Trotzdem waren auch wir sehr vorsichtig. Ich erinnere noch, dass wir zum Schluss unseres Gesprächs fragten, was wir denn für ihn tun könnten. Er antwortete fast flehentlich: »Zu Besuch kommen, immer wieder hierher zu Besuch kommen.«

Sie waren gemeinsam mit Dorothea Bahr auf Reisen, aber Egon Bahr und Ihr Mann waren ja politisch nicht immer besonders einig.

Das kann man so sagen. Doch das spielte in meinem Verhältnis zu Dorothea keine Rolle.

Hatten Sie auch Kontakt zu Frauen, deren Männer Konkurrenzparteien vertraten, wie beispielsweise Frau Kohl oder Frau Strauß?

Zu denen hatte ich kaum eine Verbindung. Engen Kontakt hatte ich hingegen zur Frau von Rainer Barzel, Kriemhild. Das hat sich so ergeben. In meiner Vitrine steht noch eine kleine chinesische Schale, die Rainer Barzel mir nach ihrem Tod gegeben hat. Ich bin 1977 auch bei der Beerdigung der Tochter Claudia gewesen. Das war eine sehr traurige Sache. Rainer Barzel und seine Tochter hatten ein sehr herzliches Verhältnis zueinander, und sie hatte ihren Vater oft bei seinen Wahlkämpfen begleitet. Drei Jahre später ist seine Frau Kriemhild dann an Leukämie gestorben. Rainer Barzel musste wirklich furchtbare Schicksalsschläge hinnehmen – denn seine zweite Frau, Helga Henselder-Barzel, die Vorsitzende der Welthungerhilfe, kam 1995 bei einem Autounfall ums Leben. Vierzehn Tage vorher waren beide Barzels noch bei uns in Hamburg zu Besuch gewesen.

Manche Menschen werden auf verdammt harte Proben gestellt. – Wie war Ihr Verhältnis zu Ihrer Vorgängerin als Kanzlergattin?

Natürlich mochte ich Rut Brandt sehr gern, das ging doch allen so, die sie kannten. Aber wir haben uns nicht privat getroffen, auch nicht mit irgendwelchen Dritten dabei.

Wenn Sie Ihren Mann bei offiziellen Reisen begleiteten, mussten/durften Sie oft ein »Damenprogramm« absolvieren. War das für Sie mehr Pflicht oder mehr Kür?

Diese Botanische-Gärten- und Zoo-Touren waren für mich natürlich die reine Freude. Auch wenn es in Museen oder zu Sehenswürdigkeiten, besonders natürlich architektonischen, ging, hat mich das gefreut. Doch dass ich das »Damenprogramm« immer als reines Vergnügen empfunden habe, kann ich nicht behaupten, dazu war es gelegentlich wohl zu »weiblich« ausgerichtet.

Sie haben einige Regierungschefinnen kennengelernt, unter anderem Margaret Thatcher. Wie eisern war die Lady?

Immerhin war sie so freundlich, unsere Tochter mit auf den Landsitz nach Chequers einzuladen. Sie konnte auch wie eine normale Mutter reagieren. Als ihr Sohn Mark bei seiner Teilnahme an der Rallye Paris–Dakar plötzlich in der Sahara vermisst wurde, ist sie fast zusammengebrochen. Helmut hat sie damals, Anfang der achtziger Jahre, angerufen, um ihr sein Mitgefühl auszudrücken. Normalerweise besaß sie ja eine eiserne Disziplin, doch als wir mit ihr in Chequers waren, gab sie sich ganz normal.

War es schön am Wochenendsitz der Premiers?

Mir war wichtig, dass ich meine Tochter sehen konnte, die in England lebte, und dass ich bei meinem Mann war. Zu dem Landsitz der britischen Premiers kann ich nichts sagen.

Bei Ihrer ersten Israelreise 1966 trafen Sie Golda Meir, die legendäre Premierministerin. Wie machte sich der Schatten der Vergangenheit, der deutsche Massenmord an den Juden, bei dieser Begegnung bemerkbar?

Wir machten unseren offiziellen Besuch mit den üblichen Gesprächen bei ihr. Natürlich war uns der Schatten bewusst, der über den Beziehungen unserer Länder lag. Irgendwann, nach einer halben Stunde etwa, sagte sie:

Die »eiserne Lady« konnte auch Gefühle zeigen;
mit Margaret Thatcher, 1979

»Ich habe heute Abend ein paar Gäste bei mir, wollen Sie nicht dazukommen?« So sind wir abends in ihrem Freundeskreis gewesen. Wir haben uns gut unterhalten, in einer freundschaftlichen Atmosphäre. Helmut saß meistens bei ihr, sie haben natürlich politisiert. Ich habe versucht, mich mit den anderen Gästen auf Englisch zu unterhalten. Neben mir saß ein stiller älterer Herr. Als wir uns mit vielen Dankesworten verabschiedeten, sagte er auf Deutsch: »Ich habe mich gefreut, Sie kennenzulernen.« Er war ein deutscher Flüchtling, der in den dreißiger Jahren vor den Nazis nach Israel geflohen war und leider kein Englisch sprach.

Hatten Sie den Eindruck, dass Golda Meir mehr rauchte als Sie? Sie war ja bekannt als Kettenraucherin.

Habe ich nicht gezählt. Da konnte man rauchen, so viel man wollte. Das war schließlich vor der Zeit, in der die Raucher weltweit diskriminiert wurden.

Wie verlief Ihr Zusammensein mit den Frauen von Regierungschefs, wenn ihre Männer konferierten, zum Beispiel das mit Jehan Sadat, der Frau des ägyptischen Präsidenten, der ein Freund Ihres Mannes war? Wurde über Politik geredet?

Über Politik haben wir nicht geredet. Jehan Sadat, eine gebürtige Engländerin, wollte von mir etwas ganz anderes wissen: wie unser Schulwesen funktioniert. Ab wann gehen die Kinder in die Schule, und wie lange bleiben sie dort? Darüber hinaus fragte sie, was sie in ihrem Land tun könnte, um das Schulwesen zu fördern, besonders für die Frauen. Es war ja nicht überall üblich, dass auch die Mädchen zur Schule gingen. Da bin ich sehr ausgefragt worden, sowohl von Jehan Sadat als auch von anderen

Frauen. Ich erinnere, dass ich sehr gezielt gefragt worden bin, denn sie wollten unbedingt ein besseres Schulsystem haben.

Das waren wohl meistens ein wenig emanzipiertere oder weltläufigere Frauen?

Oft waren es Engländerinnen. Jedenfalls kamen die Frauen aus der Regierungsschicht im Nahen Osten häufig aus anderen Ländern als ihre Männer.

Wie war Ihr Verhältnis zu Danielle Mitterrand? Er erschien ja ein wenig sphinxhaft.

Dazu kann ich nichts anmerken. Allerdings haben die beiden Mitterrands uns mit in ihr Sommerhaus genommen, an der Atlantikküste. Und der Aufenthalt dort war sehr angenehm und entspannt. Aber dass ich mit ihr besondere Gespräche geführt habe, kann ich nicht sagen, auf jeden Fall keine »Frauengespräche« über Küche und Kinder, denn dazu war Danielle Mitterrand viel zu sehr politisch interessiert.

War das Verhältnis zu den Frauen der Regierenden im Ostblock anders als das zu denen im Westen, weniger ungezwungen? Wie war das beispielsweise mit Frau Breschnewa?

Sie war sehr mütterlich, aber wir haben nicht viel geredet.

Hat sie Sie beim Damenprogramm in Moskau begleitet?

Es gab in diesem Sinne kein Damenprogramm. Wir haben gemeinsam eine Aufführung im berühmten Bolschoj-Theater besucht. Die Frau unseres Botschafters in Moskau ist manchmal mit mir durch die Gegend gezogen, wenn ich etwas von der Stadt sehen wollte. – Noch eine Bemerkung, die etwas über die andersartigen Gepflogenheiten im Ostblock aussagt: Frau Breschnew und ihre Damen sowie wir Frauen aus der deutschen Delegation wollten eigentlich gemeinsam zur abschließenden deutsch-sowjetischen Pressekonferenz gehen. Bevor es dazu kam, bedeutete ein Offizieller des Kreml der Breschnewa und ihrer Begleitung, ihre Teilnahme sei nicht erwünscht. Ich habe dann sofort – ich glaube, es war Frau Genscher – ins Ohr geflüstert: »Dann gehen wir auch nicht.«

Nancy Reagan hat als Frau des amerikanischen Präsidenten einmal darüber geklagt, wie Raissa Gorbatschowa am Rande des amerikanisch-sowjetischen Gipfels in Genf 1985 versucht habe, sie ideologisch im Sinne des Kommunismus zu bearbeiten. Haben Sie je Ähnliches erlebt?

So etwas habe ich nie erlebt.

Haben Sie auf Ihren Reisen Anflüge von Solidarität unter den Frauen der Regierungschefs bemerkt, die ja alle Männer hatten, die ungeheuer eingespannt waren? Haben Sie sich gegenseitig darüber beklagt?

Solche Gespräche – ich will sie mal »von Frau zu Frau« nennen – kann ich überhaupt nicht erinnern.

Einmal abseits der Politik: Haben Sie Lilo Schmarsow und den anderen Damen im Vorzimmer des Bundeskanzleramts Ratschläge gegeben, wie sie am besten mit Ihrem Mann zurechtkämen?

Das wussten die inzwischen selbst gut genug.

Um noch einmal Ihr Verhältnis zu Frauen zu klären: Wie kamen Sie mit der Herausgeberkollegin Ihres Mannes bei der ZEIT, Marion Gräfin Dönhoff, zurecht?

Man betrachtete Marion mit einer gewissen Ehrfurcht. Was mich besonders interessierte, das interessierte Marion aber überhaupt nicht.

Das Verhältnis zur Natur und wie sie zu schützen ist? Dabei hat Marion Dönhoff doch ganz schöne Naturschilderungen über Ostpreußen verfasst.

Trotzdem. Wenn ich irgendetwas Besonderes über meine Beschäftigung mit der Natur oder deren Schutz erzählen wollte, war sie schon wieder bei einem anderen Thema. Mein Verhältnis zu ihr – ich bin zwar manchmal mit Helmut zusammen bei ihr zu Hause gewesen und habe dort auf dem Sofa gesessen – war nicht besonders eng. Gelegentlich lud sie zu solchen Abendbegegnungen noch Gäste ein, meistens ausländische. Aber bewundert habe ich die Selbstverständlichkeit, mit der sie auch innerlich Abschied von ihrer Heimat genommen hatte. Möglicherweise hat sie das dazu gebracht, freier zu sein und so viel von der Welt kennenzulernen. Das habe ich bewundert und mir überlegt, ob ich mich in einem vergleichbaren Fall ähnlich verhalten hätte. Aber als Kind und Jugendliche habe ich beispielsweise auf Klassenreisen öfter Heimweh gehabt. Und wenn ich als Lehrerin mit meiner Klasse ins Schulheim gefahren bin, kam es durchaus vor, dass jemand mal in den Arm genommen werden musste, weil er oder sie traurig vor Heimweh war. Heimweh ist schon schmerzhaft, das ist doch ganz natürlich. Marion scheint das im Griff gehabt zu haben. Sie war ja ohnehin sehr beherrscht und hat selten ihre Gefühle gezeigt.

Haben Sie Marion Dönhoff mit Vornamen angeredet?

Ja.

In der ZEIT *haben sie alle »Gräfin« genannt. – Was bedeutet es heute für Sie persönlich und, wenn Sie das beurteilen wollen, für Ihre Geschlechtsgenossinnen insgesamt, dass mit Angela Merkel erstmals eine Frau die Bundesregierung führt?*

Mir ist es egal, ob eine Frau oder ein Mann an der Spitze steht. Hauptsache, man wird ordentlich regiert. Ich habe da keine feministischen Vorstellungen, habe ich nie gehabt. Was meine Geschlechtsgenossinnen über eine Frau im Kanzleramt denken, weiß ich nicht. Ich könnte mir vorstellen, dass sie damit ganz zufrieden sind.

Mit Ihrem reichen Schatz an Erfahrungen auf dem roten Teppich und daneben: Glauben Sie, dass Frauen bessere Diplomaten sind?

Vielleicht liegt es daran, dass ich in der Schule immer mit Jungs und Mädchen zusammen war, vielleicht daran, dass ich Schulen mit Koedukation immer verteidigt habe, weil man in der Familie ja auch mit Jungs und Mädchen zusammenlebt: Diese Gefühle, »wir Frauen«, habe ich leider oder Gott sei Dank mein Leben lang nicht gehabt. Deshalb kann ich auch Ihre Frage nicht beantworten, denn sie ist mir nie in den Sinn gekommen.

»Mit Knicksen konnte ich nicht dienen«

Hatten Sie, als überzeugte Republikanerin, Schwierigkeiten, sich bei Hofe wohlzufühlen?

Ich hatte meine Pflichten als Frau des Bundeskanzlers zu erfüllen. Wenn man das verinnerlicht hat, geht man anders an seine Aufgaben, auch bei Hofe, heran. Mir war immer bewusst: Du musst dich richtig verhalten, sonst wird das Deutschland angekreidet.

Mussten Sie bei Treffen mit Monarchen stärker auf das Protokoll achten, als das bei Begegnungen mit demokratisch gewählten Staatsoberhäuptern oder Regierungschefs der Fall war?

Wenn wir ostasiatische Länder besuchten, habe ich mich vorher bei deren in Bonn akkreditierten Botschaftern erkundigt. Das Protokoll beim japanischen Kaiser oder dem thailändischen König war schon strenger und aufwendiger als in anderen Ländern mit demokratisch gewählten Staatsoberhäuptern. Vor allem die Protokollbeamten achteten schon sehr darauf, dass alle Regeln eingehalten wurden.

Hatten Sie den Eindruck, dass die Asiaten das Protokoll ernster nahmen, als das in anderen Ländern geschah?

Vielleicht eine Spur mehr als von anderen gewohnt. Das Motto, das Gesicht zu wahren, hat in Asien nicht ohne Grund eine große Bedeutung.

Das galt auch für die Regierungschefs?

So viele Regierungschefs habe ich in der Region auch nicht näher kennengelernt. Häufig dauerten die Besuche nur einen Tag. Dann durfte ich dem jeweiligen Gastgeber Guten Tag sagen und wurde anschließend in ein Damenprogramm abgeschoben.

Sie mussten den Königen und Königinnen auch Geschenke mitbringen. Wer suchte die aus?

Da habe ich meistens mit dem Protokoll gesprochen, die Leute dort hatten mehr Erfahrung in solchen Dingen. Sie haben mich oft auf die Produkte der böhmischen Glasschleifer verwiesen. Die Glasschleifer hatten in der Stadt Rheinbach bei Bonn ein neues Zentrum gegründet. Wenn wir also Geschenke für eine offizielle Reise brauchten, dann bestellten wir sie meistens dort. Die Glasbläser fertigten Vasen oder Gläser mit dem Monogramm des zu Beschenkenden an. Man konnte sich eine Form aussuchen, die Produkte waren zum Teil sehr edel. Eigentlich sind diese glasgeschliffenen Dinge, die ja Unikate waren, bei den Beschenkten immer sehr gut angekommen. Ich habe das zum Beispiel bei den Amerikanern erlebt – bei denen lag man mit diesen Glasgeschenken immer ganz richtig. Wenn wir ärmere Länder besuchten, habe ich vorher mit deren Botschaftern in Bonn gesprochen. Oft habe ich pädagogische Holzbauklötze, mit denen man Kindern etwas beibringen kann – das Zählen zum Beispiel –, oder Holzspielzeug für Kindergärten mitgenommen. Jehan Sadat beispielsweise, die Frau des ägyptischen Präsidenten, hat mich vor einem Besuch gefragt, ob wir diese pädagogischen Holzklötze, mit denen man ganz viele Dinge tun kann, mitbringen könnten. Dieses hölzerne Lernmaterial ist in den Ländern, in denen das Schulwesen noch wenig entwickelt war, immer sehr willkommen gewesen.

Was haben denn die Monarchen mitgebracht, wenn sie in die Bundesrepublik zum Staatsbesuch kamen?

Landestypische Dinge meistens, auch mal Webereien oder Ziergefäße. Ich kann nicht sagen, dass die Mitbringsel immer nach meinem Geschmack waren. Aber die bekommt ja anschließend ohnehin der Staat. Wir haben Vitrinen anfertigen lassen, damit diese Schätze im offiziellen Teil des Kanzlerbungalows zu sehen sein konnten. Übrigens: Gelegentlich haben wir auch Geschenke dabeigehabt, die ich selbst produziert hatte. Ich habe ja bei der Porzellanfirma Rosenthal eine Serie von zwölf Tellern anfertigen lassen, für die ich die Blumenmotive selbst gemalt hatte; deren Erlös war für meine Naturschutzstiftung gedacht. Solche Teller haben wir unter anderem Betty Ford und Nancy Reagan geschenkt, die von dem Geschenk sehr angetan waren.

Zu Anfang unserer Gespräche haben Sie an mögliche Reaktionen Ihrer Eltern gedacht, als Sie an der Seite des Bundeskanzlers mit der britischen Königin durch eine prächtige Halle im Buckingham Palace gegangen sind. Wie war zuvor die Begrüßung verlaufen: Sind Sie vor der Queen in die Knie gegangen?

Ich habe weder vor der englischen Königin noch sonst vor irgendwelchen gekrönten Häuptern einen Knicks

Königlicher Besuch: Elizabeth II. und Prinz Philip 1978
in Bonn

gemacht. Ich habe mich zwar protokollgerecht verhalten, aber mit Knicksen konnte ich nicht dienen. Das wollte ich auch ganz bewusst nicht, denn irgendwie widerspricht diese Geste meiner persönlichen Grundhaltung. Die ist, wie Sie ja in Ihrer Eingangsfrage festgestellt haben, überzeugt republikanisch.

Wie war es mit den Damen in Ihrer Entourage, haben die geknickst?

Die Frau des deutschen Botschafters in London, das erinnere ich noch, hat im Buckingham Palace einen richtig schönen Hofknicks gemacht. Als Diplomatenfrau musste sie das wahrscheinlich auch. Ich hatte bei der Audienz auch keinen Hut auf oder Handschuhe an. Beim Besuch der Queen in Hamburg Jahre zuvor war beides noch Pflicht gewesen.

Worüber haben Sie sich denn mit der Queen unterhalten? Normalsterbliche dürfen ihr ja wohl keine Fragen stellen?

Sie hat mir aber eine Frage gestellt, nämlich nach unserer Tochter Susanne, die in England lebt. Was sie macht und ob sie sich in diesem Land wohlfühlt. Ich habe mich über die Frage gefreut, denn sie zeigt, dass Königin Elizabeth auch als Mutter fühlt.

War bei dem Gespräch ein Dolmetscher dabei?

Nein, für diese Begegnung reichte mein Englisch durchaus, und Helmuts sowieso.

Haben Sie auch mit Prinz Philip gesprochen?

Ja, ich weiß aber nicht mehr, worüber. Es war bestimmt nichts von großem Belang. Der Raum, in dem wir empfangen wurden, war groß und hoch, aber sonst ist mir nichts Besonderes aufgefallen. Dabei habe ich mich schon gründlich umgesehen, denn ich bin ja neugierig.

Haben Sie auch die Königinmutter getroffen?

Bei diesem Besuch haben wir sie nicht getroffen. Aber mein Mann hat mir erzählt, wie er mal neben ihr gesessen hat und sich nach dem Essen eine Zigarre stibitzt hat für meinen Schwiegervater, und da hat sie ihm gleich noch zwei dazugegeben. Außerdem hat sie die Speisekarte für Helmuts Vater signiert.

Am japanischen Hof sind Sie auch gewesen. Wie ging es dort zu?

Man muss bedenken, dass Hirohito und seine Frau bei unserem Besuch 1978 schon recht alt waren; er war immerhin siebenundsiebzig und seit zweiundfünfzig Jahren auf dem Thron. Unter diesen Umständen wirkte das Protokoll vielleicht ein bisschen steifer. Die Kaiserin war übrigens beim Essen gar nicht dabei, und ich glaube nicht, dass das protokollarische Gründe hatte, sondern gesundheitliche. Er strahlte eine große Würde aus, wirkte aber gleichzeitig sehr bescheiden und sagte kein Wort. Bei der Begrüßung hatte ich gemerkt, dass er gut Englisch sprach. Jetzt saß ein müder, alter Mann neben mir. Ich verstieß einfach gegen das Protokoll, das mich vorher informiert hatte: Den Tenno darf man nicht ansprechen. Ganz leise fragte ich: »Beobachten Sie noch Fische, Majestät?« Die Veränderung in Haltung und Gesichtsausdruck meines Nachbarn war erstaunlich. Er saß gerade, guckte mich freundlich an und fragte: »Interessieren Sie sich auch für Fische?« Ich berichtete von einem Artikel, den ich Jahre zuvor in

Beim Tenno im Kaiserpalast, 1978

einem naturwissenschaftlichen Journal von ihm gelesen hatte. Auf seine Frage hin erzählte ich von meiner Stiftung zum Schutz gefährdeter Pflanzen und meinem Bemühen, als Lehrerin bei Kindern ein Naturverständnis für Tiere und Pflanzen zu wecken. Von ihm erfuhr ich, dass sein Sohn gerade eine neue Fischart in der Bucht von Tokio entdeckt habe. Nach dem Essen standen alle auf. Der Tenno verabschiedete sich und lächelte mir noch zu. Kaum war er verschwunden, kamen die beiden Protokollchefs auf mich zu. »So viel hat der Tenno noch nie geredet. Worüber haben Sie gesprochen?« – »Über Fische«, antwortete ich. Am nächsten Tag erhielt ich eine Einladung, die private Bonsaisammlung des Kaisers zu besichtigen.

Auch am thailändischen Hof ging es sehr gemessen zu. Wir haben dort Anfang der siebziger Jahre einen Besuch gemacht. Mich hatte natürlich Königin Sirikit interessiert. Später haben wir sie dann noch einmal getroffen, bei welcher Gelegenheit das gewesen ist, weiß ich nicht mehr. Sie war da vielleicht etwas über fünfzig und ein bisschen fülliger geworden, aber immer noch reizvoll. Sie stand auf und bewegte sich auf eine wunderbare Weise. Die Grazie, die sie schon als ganz junge Frau besaß, hatte sie nicht verloren. Königin Sirikit ist schon eine besonders anmutige Frau.

Als Sie in Belgien zum offiziellen Besuch waren, musste Königin Fabiola ihren Mann König Baudoin während des offiziellen Essens vertreten, weil der erkrankt war. Wie haben Sie die als sehr introvertiert bekannte Fabiola erlebt?

Wir haben uns nicht lange und intensiv unterhalten. Bei solchen Staatsessen werden ja Reden gehalten, und häufig bleibt gar keine Zeit für ein ausführliches Gespräch. Ich weiß aber noch, dass ich vor dem Essen einen Fauxpas begangen habe. Wir mussten lange in einem Flur warten, sehr lange. Warum, weiß ich nicht. Jedenfalls habe ich mir irgendwann eine Zigarette angesteckt. Dann kam ein Diener, und ich dachte zuerst, er bringt mir einen Aschenbecher, was ja zu erwarten gewesen wäre. Stattdessen bedeutete er mir höflich, Rauchen sei nicht erwünscht. Also habe ich meine Zigarette mangels Aschenbecher in einem Blumentopf entsorgt. Ich habe mich aber sofort bei der darinstehenden Grünpflanze dafür entschuldigt.

Haben Sie auch Königin Beatrix kennengelernt, von der Ihr Mann beeindruckt war, weil sie so vernünftig erscheint und einen so gesunden Menschenverstand besitzt?

Königin Beatrix haben wir mehrere Male gesehen. Sie ist in der Tat unkompliziert. Das galt auch für ihren Mann, Claus von Amsberg, einen Deutschen, den sie 1966 unter heftigen Protesten vieler Niederländer geheiratet hatte. Von Amsberg wurde trotzdem zu einem der populärsten Mitglieder des niederländischen Königshauses. Leider wurde er später sehr krank und ist vor acht Jahren gestorben. Ich erinnere noch, dass Beatrix ihre Witze darüber machte, dass nicht nur ihr Mann – er lebte damals noch – aus Deutschland kam, sondern viele ihrer Vorfahren und auch ihr Vater aus unserem Land stammen. Als einen ihrer Namen trägt Königin Beatrix ja auch den einer Prinzessin zur Lippe-Biesterfeld.

Der Hinweis auf ihre deutschen Wurzeln spricht für ihre Souveränität. Wo wir gerade bei den kleineren Nachbarn sind: Haben Sie auch Königin Margarethe von Dänemark getroffen? Haben Sie sich mit ihr unterhalten?

Wenn man bei einem offiziellen Essen an einem meist sehr langen Tisch sitzt, kann man nur mit seinem Nachbarn links und rechts reden. Man ist ja wie festgenagelt. Ich nehme an, dass das auch bei unserer Begegnung mit Königin Margarethe der Fall war und wir keine besonders gründliche Unterhaltung miteinander führen konnten.

Hauptsächlich wegen der Gattinnen des Schahs hat das persische Königshaus von den fünfziger bis zu den siebziger Jahren die Phantasie mancher Deutschen, vor allem Frauen, beschäftigt. Andererseits gab es hierzulande auch viele Aversionen wegen des harschen Schah-Regimes. Welches Bild hatten Sie vom Iran?

Ich habe es bedauert, dass unser Besuch nur kurz war und ich das Land nicht richtig kennengelernt habe. Ich hätte gern mehr über die Flora und Fauna im Iran erfahren. Beides ist sehr interessant. Viele in Deutschland wissen beispielsweise nicht, dass unsere Kornblumen von dort gekommen sind. Die Gespräche beim Essen waren übrigens sehr aufschlussreich. Als die Rede auf moderne Architektur kam, sagte der Schah: Davon verstehe ich nichts, da müssen wir meine Frau fragen, die kann Ihnen mehr dazu erzählen. Die Schahbanu hat ihrem Mann gelegentlich auch widersprochen. Das konnte man hören, weil das kein Riesenbankett war, sondern in eher kleinerem Kreise stattfand. Die persischen Teilnehmer schwiegen natürlich mehr oder minder ehrfurchtsvoll, aber ihre Stimme war deutlich zu hören. Sie saß also, soweit ich das einschätzen konnte, absolut gleichberechtigt am Tisch. Und das fand ich ganz erstaunlich.

Wie gefiel Ihnen die Schahbanu denn vom Äußeren her?

Ich fand sie schon attraktiv. Aber wenn es um die Schönheiten aus dem Orient geht, muss ich noch einmal die aparte Jehan Sadat erwähnen. Wir hatten ein gutes Verhältnis zueinander und haben uns ja auch häufiger gesehen. Jahre nach der Ermordung ihres Mannes Anwar ist sie auch bei uns in Langenhorn gewesen. Sie hatte sich für mittags angesagt und kam mit ihrer jüngsten Tochter. Ich habe überlegt: Was koche ich denn nun? Erbsen und Wurzeln und Frikadellen, habe ich mir dann gedacht, das mag jeder, also habe ich es gekocht. Jehans Tochter half mir dabei, das alles aufzutragen. Während des Essens haben wir vor allem über das Schulwesen hier und in Ägypten geredet. Anschließend haben wir alle zusammen das Geschirr herausgetragen.

Noch einmal zurück in den Orient: Wie prächtig ging es denn im saudi-arabischen Königshaus zu?

Mir ist vor allen Dingen aufgefallen, dass es dort eine riesengroße Küche gab, die offenbar auch als Kantine für die Hofbediensteten diente. Darin standen Glaskästen, in deren Schubladen ungeheure Mengen von Gabeln, Messern und so weiter aufbewahrt wurden. Das Besteck habe ich mir angeschaut und war überzeugt, dass es aus purem Silber, teils auch aus Gold war. In Saudi-Arabien habe ich am Flughafen ja auch meinen kleinen roten Extrateppich bekommen.

In Abu Dhabi hatten Sie als Frau ebenfalls keine Schwierigkeiten?

Auf Staatsbesuch in Saudi-Arabien, 1976

Wochen vor uns waren Bundespräsident Carstens und seine Frau dort gewesen. Frau Carstens hatte bei der Ankunftszeremonie im Flugzeug warten müssen. Bei mir war das dann anders. Ich durfte das Flugzeug gleich verlassen und mit der offiziellen Wagenkolonne in die Stadt fahren.

Worauf führen Sie das zurück?

Offenbar hat irgendein Offizieller, der die europäischen Gebräuche kannte, gesagt, so geht das gegenüber Europäern nicht. Dass der Scheich sich dann später mit mir unterhalten hat, hing mit den vielen Blütenpflanzen zusammen, die entlang der Straßen wuchsen und auf die ich ihn angesprochen hatte. Er war sehr stolz auf die Blüten. Er hat mir ausführlich erzählt, wie das Abwasser gereinigt und zum Begießen verwendet wird. Als Kind war er im Zelt groß geworden, und wenn er nach draußen ging, sah er nur Sand. Man merkte ihm an, dass er sich als Scheich einen Kindertraum hat verwirklichen können.

Jahrzehnte später gab es eine IGA, eine Internationale Gartenausstellung in Rostock, bei der die Vereinigten Arabischen Emirate mit einem Wüstengarten und zwei blaugläsernen Pyramiden als Ausstellungsräumen vertreten waren. Eine hohe Weißbuchenhecke spendete Windschutz. Dieses Ensemble sollte nach der Ausstellung in Deutschland bleiben. Mehrere botanische Gärten bemühten sich darum, auch Hamburg. Als der Scheich hörte, dass Hamburg unter den Kandidaten war, entschied er: Hamburg bekommt den Wüstengarten und die Schutzhecke. Leider starb der Scheich bald darauf, sodass ich mich nicht mehr persönlich bei ihm bedanken konnte. Aber die Pyramiden und die Hecke stehen in Hamburg, und einige Gärtner säen und pflanzen Gemüse nach Art eines arabischen Gartens.

Wenn Sie eine Bilanz Ihrer Begegnungen mit gekrönten Häuptern ziehen, taucht dann irgendeine Favoritin oder ein Favorit auf, der Ihnen besonders imponiert hat?

Das Verhalten der gekrönten Häupter hängt sicher auch von der Umgebung ab, in der man ihnen begegnet. So gab sich etwa Juan Carlos in unserem kleinen Haus von der Neuen Heimat bestimmt anders, als das in seinem Zarzuela-Palast nordwestlich von Madrid der Fall gewesen wäre.

Die leise Sehnsucht nach einer Monarchie hierzulande aber haben Sie bei all den glanzvollen Besuchen nie empfunden?

Nein. Ich bin in Hamburg geboren und habe von Jugend an die frische Hamburger Luft eingeatmet. Auf die Idee, mir eine Monarchie für unser Land zu wünschen, bin ich nie gekommen.

Wechselbäder im Weißen Haus

Für viele Deutsche waren die Vereinigten Staaten stets ein verheißungsvolles, oft auch bewundernswertes Land. Wie sahen Ihre – wenn ich das mal so sagen darf – etwas linken Eltern Amerika?

Es war ein Einwanderungsland, ein Schmelztiegel, in dem für mich aber auch – und nicht nur wegen Karl May – die Ureinwohner, die Indianer, eine Rolle spielten. Meine Frage als Kind war: »Wo sind die Indianer, und wie leben sie?« Ich habe mir dann natürlich hier und da etwas zusammengelesen, zusammengefragt und wusste, dass es Indianerreservate gab, aber auch Indianer, die in das normale amerikanische Leben integriert waren. Dass es ein verheißungsvolles und bewundernswertes Land war, habe ich als Kind nicht so empfunden. Grundsätzlich aber waren die Vereinigten Staaten damals längst nicht so in unserer Phantasie präsent, wie das seit dem Zweiten Weltkrieg der Fall ist. Die Neue Welt war einfach weiter weg. Vielleicht spielte es in unserer Familie auch eine Rolle, dass der ältere Bruder meines Vaters, der bei der Marine war, vor dem Ersten Weltkrieg nach Nordamerika desertiert ist. Das war mein Onkel, den ich aber nie gesehen habe. Er hat meiner Großmutter nur ein einziges Mal eine Postkarte geschrieben: »Mir geht es gut.« Wir haben nie wieder etwas von ihm gehört.

Aber insgesamt gesehen waren die Vorstellungen von Amerika doch ganz positiv oder faszinierend?

Zu unserer Kinderzeit war uns Amerika schon näher als beispielsweise die ostasiatischen Länder. Im Hafen haben wir selbstverständlich schwarze Amerikaner gesehen, aber auch Asiaten. Als Kinder haben wir festgestellt, dass es hier viele von Chinesen betriebene Wäschereien gab. In Hamburg haben wir sicher mehr mitbekommen als woanders, und es war uns deshalb auch geläufiger, dass auf dieser Erde sehr unterschiedliche Menschen leben. Nach dem Krieg haben uns die Carepakete und die ganze Hilfsbereitschaft von drüben natürlich für Amerika eingenommen. Dass die Vereinigten Staaten als Siegermacht uns, die wir den Krieg angefangen hatten, so großzügig halfen, hat uns schon beeindruckt. Viele bekamen Carepakete. Als Lehrerin habe ich auch die Schulspeisung hautnah miterlebt, die von der Care-Organisation durchgeführt wurde – wir wohnten damals in einem Zimmerchen in Neugraben bei Hamburg. Haben Sie mal Bilder gesehen von einer Schulspeisung?

Die habe ich noch selbst genossen.

Kennen Sie diese Kübel, aus denen sie ausgegeben wurde? Wahrscheinlich waren es bei Ihnen im Ruhrgebiet die gleichen. Auch die Bevölkerung in Fischbek-Neugraben hat von diesen Suppen oder dem Haferbrei profitiert. Vielen Kindern ist durch die Schulspeisung möglicherweise das Leben gerettet worden, denn das Essen war reichlich. Wir mussten es bezahlen, und ich weiß, dass mein Schwiegervater, der ja Lehrer in Hamburg war, auch dafür bezahlt hat.

Das waren alles sehr positive Eindrücke, die Sie von Amerika gewonnen haben.

Dass unmittelbar nach dem Krieg von drüben nicht nur die Carepakete, sondern auch Essen für die Schulen kam, hat mich sehr beeindruckt; ich habe es in meiner Schule ja auch mit verteilt.

Das Amerikabild Ihrer und meiner Generation wurde auch durch die amerikanische Literatur geprägt, die nach dem Zweiten Weltkrieg plötzlich zu bekommen war.

Das können Sie aber nur als Kind erlebt haben. Zuerst kamen die rororo-Bände, auf Zeitungspapier gedruckt und im Zeitungsformat. Das war eine Offenbarung! Die wurden natürlich gelesen und sofort an jemand anders weitergegeben, weil es so viele davon nicht gab. Später kamen dann die kleinen, festen Taschenbücher auf. Die freie Literatur, vor allem die amerikanische, war für uns nach den Bücherverboten der Nazizeit wahrscheinlich wichtiger als das Essen, auch wenn wir das nicht gleich gemerkt haben. In jener Zeit kam überhaupt viel Neues auf uns zu. Zum Beispiel tauchten die Impressionisten aus Frankreich auf einmal in Form von Reklameplakaten auf. Wir haben sofort unser Zimmer damit dekoriert.

Wie ist Ihre erste Amerikareise verlaufen, und was haben Sie dabei empfunden? Für die meisten Deutschen war es ja etwas ganz Besonderes, wenn sie zum ersten Mal nach Amerika fuhren.

Ich nehme an, meine erste Amerikareise hat Anfang der sechziger Jahre stattgefunden. Ich habe sie nicht als eine Sensation empfunden, denn wenn das so gewesen wäre, hätte ich das genaue Datum noch parat. Ich hatte feste Vorstellungen von diesem Land, vornehmlich geprägt durch Bücher, Zeitungsartikel und das Kino.

Können Sie sich noch an die ersten Eindrücke bei Ihrer Ankunft erinnern?

Ich kam mit dem Schiff in New York an, und die Freiheitsstatue war schon ein beeindruckender Anblick. Wir kannten sie ja von Bildern als ein Symbol für die amerikanische Freiheit und Großzügigkeit. Nun sahen wir sie in der Realität. Die Hafeneinfahrt glich der unseren. Wenn man wie ich aus einer Hafenstadt kommt, vergleicht man solche Anlagen natürlich. Imposanter als unsere in Hamburg fand ich sie aber, glaube ich, nicht.

Hatten Sie das Gefühl, dass Sie da zu einer Weltmacht fuhren?

Damit kann ich nicht dienen, denn ich hatte Amerikaner hier bei uns schon erlebt. Fremd erschienen sie mir nicht, eher vertraut. Dass ich eine Weltmacht besuchte, war mir deshalb nicht sonderlich bewusst.

Später waren Sie dann an der Seite des Kanzlers häufiger in Amerika. Wie kamen Sie mit den Amerikanerinnen zurecht?

Die Amerikanerinnen haben einen natürlich nach tausend Sachen gefragt, weil sie genauso neugierig auf uns wie wir auf sie waren. Manchmal kamen mir ihre Fragen etwas naiv vor. Aber das hat mich nicht verwundert, denn Deutschland – und Europa überhaupt – waren für sie doch weit weg und nicht so wichtig, wie das umgekehrt der Fall gewesen ist.

Offizieller Besuch beim Ehepaar Ford im Weißen Haus, 1976

Mit Betty Ford, 1976

*Sie haben vier amerikanische Präsidenten persönlich ken-
nengelernt. Der erste war Gerald Ford, der 1974 nach Richard
Nixons Rücktritt infolge der Watergate-Affäre ins Weiße Haus
gelangte und der zu einem Freund Ihres Mannes wurde. Was
für ein Verhältnis hatten Sie zu Gerald Ford?*

Nicht ohne Grund ist er sehr schnell unser Freund geworden, und wir waren auch häufiger bei ihm in der Nähe
von Aspen in Colorado. Dort hatten die Fords ein ziemlich großes Sommerhaus. Wir sind zu unterschiedlichen
Jahreszeiten bei ihnen gewesen. Manchmal im Frühjahr,
denn ich erinnere, dass oben in den Bergen noch ein wenig
Schnee lag. Meine erste Begegnung mit Gerald Ford verlief
so: Ich sah ihn, wir haben einen Satz gewechselt, und ich
dachte: Den magst du. So geht es einem ja längst nicht bei
allen Menschen, die man zum ersten Mal trifft, aber bei
ihm war das so. Jerry Ford war einfach gestrickt, im posi-
tiven Sinne. Wenn man in Temperament und Charakter so
ähnlich veranlagt ist, braucht man gar nicht viel zu reden,
man weiß eben, mit dem kannst du. So ist es mir mit ihm
ergangen.

*Können Sie sich noch an die Rheinfahrt mit den Fords und
ihrer Delegation anlässlich eines offiziellen Besuchs in der
Bundesrepublik erinnern?*

Nein, da habe ich wahrscheinlich irgendwo auf dem Schiff
gesessen und mit jemandem geklönt. Für mich war der
Rhein, auch wenn die Ufer bei dieser Gelegenheit beleuch-
tet waren, ohnehin nichts besonders Aufregendes. Die Elbe
und das Elbsandsteingebirge sind mindestens so attraktiv,
wenn man da mit dem Schiff entlangfährt.

Bei dieser Fahrt war Betty Ford, Mutter von vier Kindern, gerade von einer Krebsoperation genesen.

Das habe ich damals nicht gewusst. Sie hatte auch noch eine andere Krankheit. Darüber haben wir später geredet, indirekt. Bei einem offiziellen Anlass im Weißen Haus hat sie mich einmal gefragt, ob ich nicht ins Bad müsse. Ich habe Ja gesagt, obwohl das gar nicht stimmte. Aber ich dachte, ich täte ihr einen Gefallen. Wir sind nach ganz oben in ihre privaten Räume im Weißen Haus gegangen, was für diesen Zweck eigentlich ein etwas zu weiter Weg war, denn der Sitz des Präsidenten ist ja ziemlich groß. Sie zeigte auf die Badezimmertür und sagte: »Ich hole Sie gleich wieder ab.« Als sie wiederkam, guckte sie ganz anders, sehr viel heiterer … Es war offensichtlich, dass sie in ihren Privaträumen etwas getrunken hatte.

Wir haben dann später »um die Ecke herum« über ihre Krankheit geredet. Ich habe im Laufe der Zeit sehr aufmerksam verfolgt, wie sie die Betty-Ford-Kliniken aufgebaut hat, in denen viele Schauspieler und Stars von ihrer Sucht befreit wurden. Sie hat dieses Projekt ganz eisern verfolgt und sich auch eisern selbst diszipliniert. Das finde ich schon beachtlich. Das ist eine Riesenleistung. Betty Ford und ihr Mann blieben auch, nachdem er nicht mehr Präsident war, Personen, die in Amerika großes Ansehen genossen. Gemeinsam haben sie noch viele öffentliche Auftritte absolviert.

Aber Sie kamen mit ihr nicht so gut zurecht wie mit ihm?

Das kann man nicht sagen. Ich habe mich mit ihr gut verstanden. Die beiden hätten uns bestimmt nicht immer wieder in ihr Sommerhaus eingeladen, wenn wir nicht alle gut miteinander ausgekommen wären.

Welche Art von Programm haben Sie Betty Ford oder anderen Präsidentengattinnen geboten, wenn sie offiziell in die Bundeshauptstadt kamen?

Das kam ein bisschen auf die Jahreszeit an. Wenn nicht gerade Winter war: Fahrt auf dem Rhein, irgendwo ein romantisches Rheinstädtchen anlaufen, der Bürgermeister freut sich halbtot, wenn er Gäste begrüßen darf. Da ist dann ein Kinderchor ... Ich habe mich natürlich vorher ein bisschen erkundigt, wo wir am besten anlegen konnten. Ansonsten bin ich bei offiziellen Besuchen mit weiblichen Gästen viel nach Köln ins Römisch-Germanische Museum gegangen. Die Amerikaner staunen ja oft schon ehrfurchtsvoll, wenn ein Haus älter als hundert Jahre ist. Mit den Fords sind wir zum Beispiel in Lübeck gewesen. Diese schöne mittelalterliche Stadt mit den alten Kirchen, mit dem alten Hospiz, dem Holstentor hat ihnen sehr gefallen.

Bei einem Abendessen hier in Langenhorn, zu dem Sie meine Frau und mich eingeladen hatten, habe ich dem Expräsidenten Ford gegenüber meine Bewunderung für seine Frau ausgedrückt, die nicht mit ihm gereist war. Er bekam richtig feuchte Augen, als er so an Betty erinnert wurde. Die Fords haben wohl eine sehr glückliche Ehe geführt?

Das Gefühl hatte ich. Sie waren, als Gerald Ford 2006 im Alter von dreiundneunzig Jahren starb, immerhin achtundfünfzig Jahre verheiratet gewesen; nicht ganz so lange wie Helmut und ich, aber immerhin.

Als Gerald Ford 1977 Jimmy Carter im Weißen Haus Platz machen musste, war Ihr Mann beunruhigt, weil er sich mit Ford gut verstanden hatte, dessen Nachfolger aber ein unbe-

schriebenes Blatt für ihn war. Wie haben Sie den Mann aus Plains in Georgia erlebt?

Kurz nachdem Carter sein Amt übernommen hatte, waren wir drüben zum Antrittsbesuch beim neuen Präsidenten. Wir wohnten im offiziellen Gästehaus gegenüber dem Weißen Haus. Aus dem Blair House habe ich Gerald Ford angerufen und ihm zum Geburtstag gratuliert. Mir war klar, dass das nicht ganz protokollgerecht war, im Gästehaus des Präsidenten seinem Vorgänger zum Geburtstag zu gratulieren. Aber ich habe es trotzdem getan.

Ihr Mann hat es ja nicht leicht gehabt mit Jimmy Carter. Haben Sie gelegentlich sein Stöhnen über diesen Präsidenten vernommen?

Ich kann mich nicht daran erinnern, dass er mit mir über Schwierigkeiten mit Carter gesprochen hätte, obwohl die natürlich bestanden. Helmut hat wohl mehr über die Unerfahrenheit des ehemaligen Gouverneurs von Georgia gestöhnt, der sich in der Weltpolitik, aber auch mit dem Protokoll bei offiziellen Besuchen nicht sonderlich gut auskannte. Seine Frau Rosalynn hat ihn dann manchmal mit Worten leicht geschubst, um ihn in Reih und Glied zu bringen.

Das hatten Sie bei Ihrem Mann nicht nötig.

(*schweigt*) Ich denke an etwas, woran Sie nicht denken können: Zu Kinderzeiten, als Helmut körperlich sehr viel kleiner war als ich, musste unsere Lehrerin Kinder aus vielen verschiedenen Schulen zu einer Klasse formen. Helmut kam aus einer sehr strengen Knabenschule. Sie mussten dort noch mit den Händen auf den Tischen sitzen.

Mit dem Ehepaar Carter beim Abspielen der Nationalhymnen
im Garten des Weißen Hauses, 1977

Rheinfahrt mit Rosalynn Carter, 1978

Diszipliniert ist er ohnehin sein Leben lang gewesen, bis zu einem gewissen Grade zumindest.

Noch einmal zurück zu Rosalynn Carter: Sie war souveräner als ihr Mann, was Regeln anging. Weil sie etwas streng erschien, wurde sie als Frau aus dem amerikanischen Südstaat Georgia auch die »eiserne Magnolie« genannt.

Wenn sie kritisiert wird, wird aber immer vergessen, dass sie natürlich besorgt war, dass ihr Mann, der neue Präsident, nicht alles richtig machte. Und ich finde es durchaus legitim, dass sie ihn vor Fehlern bewahren wollte.

Amy, die Tochter der Carters, die bei fast allen Gelegenheiten dabei war, ist Ihnen doch wahrscheinlich auch nicht erspart geblieben?

Sie war eigentlich immer dabei. Amy wurde zum Beispiel bei der Rheinfahrt, die wir für Rosalynn Carter organisiert hatten und bei der wir in kleinen Städten Station machten, immer mit ins Rathaus genommen. Wenn wir uns in das Goldene Buch eintragen mussten, war sie dabei und hat ebenfalls geschrieben. Manchmal hat sie eine kleine Maus hinter ihren Namen gemalt.

Einmal hat sie eine Puppe geschenkt bekommen. Im Auto mit uns beiden Frauen schaute sie sich diese Puppe genau an, lüftete deren Röcke, guckte, was sie für Unterzeug anhatte. Dann fragte sie: »Wann kommt die nächste Station?«, und fing an, die Puppe auszuziehen. Das wollte sie nun ganz genau sehen, und anschließend hat sie sie auch wieder angezogen. Das war so typisch kindlich, dass ich dachte: Dieses ganze Affentheater, das mit ihr veranstaltet wird, ist nicht bis in ihr Innerstes gedrungen. Ich erinnere gerade dieses Puppenausziehen ganz besonders. Es kam auch mal vor, dass sie sich an einen drückte und gestreichelt werden wollte. Im Auto, nur mit ihrer Mutter und mir, hat sie sich wie jedes Kind in dem Alter benommen. Das habe ich wiederholt gesagt, wenn es hieß: »Das arme Kind.«

Auf der anderen Seite hat sie den ganzen Rummel wahrscheinlich auch genossen, das ist klar. Wenn man in dem Alter, mit höchstens zehn Jahren, so im Mittelpunkt steht, dann ist das schon was. Ich habe ihr mal ein rundes Taschentuch mitgebracht mit lauter Gänseblümchen als Rand. Das war nun zwar eine besondere Form von Taschentuch, ansonsten aber nichts Besonderes. Wie sie sich darüber gefreut hat, dass ein Taschentuch auch mal rund ist und man genau erkennen konnte, dass die Blumen am Rand *daisies* waren! Mir hat das gezeigt: Amy Carter benimmt sich immer noch wie ein ganz normales Kind; das Kindliche ist ihr trotz allem nicht verlorengegangen. Ich habe manchmal auch Kinder, zum Beispiel von Politikern, erlebt, die sich wie kleine Erwachsene benommen haben, und das fand ich dann nicht so toll.

Zu einer Begegnung mit den Carters kam es auch 1979 bei einer Gipfelkonferenz (Carter, Giscard d'Estaing, Callaghan, Schmidt) auf der französischen Karibikinsel Guadeloupe. Sie hatten dort ein interessantes Programm und sollen einen Trimaran gesteuert haben?

Stimmt, aber das Damenprogramm war nicht interessant. Es bestand letztlich darin, dass wir mit dem Trimaran rausgefahren sind. Das Schiff hatte einen kleinen Hilfsmotor, der aber nicht benutzt wurde. Ob das nun interessant war, dass wir so weit aufs Meer rausfuhren ... Das Steuern habe ich mir jedenfalls selbst zuzuschreiben, denn

In Begleitung ihrer Ehemänner beim Gipfel auf Guadeloupe 1979: Mit den Damen (von links) Callaghan, Giscard d'Estaing, Carter

mir war der Segeltörn einfach zu langweilig. Wenn ich auf dem Meer irgendetwas hätte beobachten können, wäre es sicher nicht zu meiner ungewohnten Aktivität gekommen. So aber habe ich mich zu dem Steuermann gestellt und ihn gefragt, ob ich mal das Steuerrad in die Hand nehmen und das Schiff steuern dürfe.

Worüber unterhalten sich denn Präsidentenfrauen oder Frauen von Regierungschefs bei solchen Gelegenheiten?

Zusammenfassend kann man sagen: Dieses internationale Damengespräch auf Guadeloupe unterschied sich nicht von solchen, die ich mit Botschafterfrauen in Bonn oder bei anderen Gelegenheiten hatte. Es ging ein bisschen um die jeweiligen Länder, um das Damenprogramm oder, wie in sogenannten Entwicklungsländern, um das jeweilige Bildungsprogramm oder das Bevölkerungswachstum und die damit verbundenen Probleme. Sehr gemischte Themen also. Nur über Frauenrechte haben wir uns, soweit ich das erinnere, nie unterhalten. Ich weiß nicht, woran das liegt, vielleicht daran, dass ich nie in einem Frauenkreis gewesen bin, in dem Feministinnen oder andere bewusste Frauenrechtlerinnen eine Rolle gespielt haben.

»Ihr« dritter US-Präsident, der ehemalige Filmschauspieler Ronald Reagan, repräsentierte wiederum einen ganz anderen Typus als Ford oder Carter. Wie haben Sie ihn erlebt – als charmant?

Nicht charmanter als andere Männer auch.

Sie sind häufig charmanten Männern begegnet?

Was ist ein charmanter Mann?

Jemand, der auf die Dame eingeht, mit der er es gerade zu tun hat, der ihr Komplimente macht, sie anlächelt …

Ich bin ganz sicher, dass so mancher Präsident und Regierungschef, den wir besuchten oder der hier war, bei der Begrüßung gedacht hat: Hoffentlich verschwinden die Damen bald, damit wir endlich zu unseren Gesprächen kommen. Dass ich auch an solchen Gesprächen interessiert war, konnte ja niemand wissen. Außerdem sind Ehefrauen dabei nun einmal nicht erwünscht, und das ist vielleicht ganz gut so. Ich bin jedenfalls kaum bei offiziellen Gesprächen dabei gewesen. Helmut musste mir abends immer alles erzählen. Möglicherweise ist der Grund dafür, Männlein und Weiblein bei offiziellen Anlässen zu trennen, dass sich die Gesprächspartner auf ihre Aufgaben konzentrieren und nicht von dem Weg abkommen wollen, den sie sich vorgenommen haben. Ich habe Ihnen ja vom Schah von Persien berichtet, der seine Schahbanu aufgefordert hat, sich zu einem bestimmten Thema zu äußern. Das war nicht nur in dieser Region der Erde, sondern überhaupt eine Ausnahme. So etwas habe ich – außer vielleicht in skandinavischen Ländern – nie wieder erlebt. Aber so ausgeprägt wie in Teheran, dass ein Ehemann seine Frau bei einem offiziellen Essen zum Reden auffordert, weil er selbst zu einem Thema wenig sagen kann, habe ich das nirgendwo sonst beobachten können.

Zurück zu Ronald Reagan: Er ist Ihnen nicht durch besonderen Charme aufgefallen?

Aufgefallen ist mir – und anderen natürlich auch –, dass seine Frau, besonders wenn Publikum dabei war, ihn hingebungsvoll anbetend angeschaut hat. Das war wirklich nicht zu übersehen.

Ich war einmal im Weißen Haus, als es ein Konzert im East Room gab, und Reagan saß rechts vor mir. Er schaute immer wieder in das Programmheft, so oft, dass ich mich schon wunderte. Dann wurde mir klar: Er lernte die Namen der vier Musiker auswendig. Als er anschließend auf die Bühne ging, um sich zu bedanken, nannte er die Namen der Musiker so beiläufig, als wären sie alte Bekannte. Da trat der Schauspieler hervor. – Nancy Reagan war energisch. Haben Sie das gemerkt?

Für mich war sie eine ihren Mann anhimmelnde, rührende Gattin. Dass sie energisch war, habe ich nicht bemerkt.

Richard Nixon, »Ihren« vierten Präsidenten, trafen Sie 1986 in New York, ein Dutzend Jahre nach seiner Abdankung, als Ihr Mann ihn für das ZEIT-Fernsehen interviewte. Haben Sie bei der Begrüßung an Watergate gedacht?

Ich habe ihn begrüßt oder mich verabschiedet, aber kennenlernen kann man einen Menschen nur, wenn man sich wenigstens ein paar Minuten mit ihm unterhält. Dafür war bei unserer Begegnung in New York keine Zeit.

Ihr Mann hatte oder hat in Amerika viele gute Freunde. Um nur einige zu nennen: die ehemaligen Außenminister George Shultz und Henry Kissinger oder die Chefs der US-Bundesbank, Arthur Burns und Paul Volcker. Waren diese Herren auch Ihre Freunde?

Von all denen habe ich einen Eindruck, das heißt, ich kenne sie. Ich habe mich auch mit allen unterhalten, und sie gefallen nicht nur Helmut, sondern auch mir. An Paul Volcker zum Beispiel erinnert mich eine lustige Episode, bei der meine beiden Kinder – meine Tochter und ihr Le-

Abendkonzert im East Room des Weißen Hauses
für das Kanzler-Ehepaar: Gastgeber Präsident Reagan
und seine Frau

bensgefährte – eine Rolle spielten. Wir haben uns irgendwo in Europa getroffen. Ich weiß noch, dass ich mich mit irgendjemandem unterhielt, und auf einmal waren Paul Volcker und meine beiden Kinder verschwunden. Dann hörte ich ein lautes Singen – da sangen die drei gemeinsam und aus voller Brust irische Lieder.

Paul Volcker hatte wahrscheinlich irische Vorfahren. Kissinger haben Sie natürlich intensiver kennengelernt.

Den habe ich oft gesehen, und George Shultz auch. Bei ihm haben wir einmal für längere Zeit in Kalifornien gewohnt. Während des Besuchs habe ich in der Umgebung botanisiert und bin dabei auf Leute gestoßen, die mich da Blumen pflücken sahen und fragten, ob ich dafür eine Genehmigung hätte. Ich sagte ihnen, ich sei Biologin und die Pflanzenwelt in ihrer Gegend sei hochinteressant, außerdem wohnte ich bei George Shultz und wir seien Freunde von ihm. »Ach, dann dürfen Sie. Und wo kommen Sie denn her?« Ich sagte: »Ich weiß, dass diese Pflanzen geschützt sind, aber ein Exemplar möchte ich gern für das botanische Institut nach Hamburg mitnehmen.« – »Natürlich … Und dass Sie sich so für unsere Pflanzen interessieren!« Hinterher hörte ich, dass es Nachbarn von George Shultz waren. Sie waren sicher erfreut, dass sich eine deutsche Biologin für ihre Pflanzenwelt interessierte. – Henry Kissinger habe ich von allen amerikanischen Freunden natürlich am meisten getroffen, hier und drüben. Seine Frau Nancy auch, aber nicht so oft.

Helmut Schmidt war ungefähr hundertmal in den USA und in sämtlichen Bundesstaaten, außer Idaho und den Dakotas. Hatten Sie ebenfalls Gelegenheit, das Land zu bereisen?

Ich war zum Beispiel in den nördlichen Bundesstaaten, die an Kanada grenzen. Die Niagarafälle habe ich besucht. Auch in Kalifornien bin ich gewesen, aber nur, um dort jemanden zu treffen. Ich bin in Amerika nicht umhergereist, um Land und Leute kennenzulernen. In all den Jahren habe ich niemals ein touristisches Programm absolvieren können. Natürlich habe ich am Rande von offiziellen oder halboffiziellen Besuchen einiges vom Land gesehen. Aber mal drei Tage intensiv eine Landschaft angucken zu können ist schon etwas anderes. Solche touristischen Einblicke waren mir auf meinen Amerikareisen nicht vergönnt. Wenn Sie Helmut konkret nach seinen Erlebnissen in den Vereinigten Staaten fragten, würde er Ihnen bestimmt eine ähnliche Antwort geben.

Haben Sie je bereut, 1950 das Angebot von »Onkel August« Hanft aus Duluth, nach Amerika auszuwandern, nicht angenommen zu haben?

Das habe ich nie bedauert. Natürlich sagt man sich, man hätte es drüben unmittelbar nach dem Krieg sehr viel leichter gehabt. Unsere Tochter wäre in Amerika groß geworden. Man kann sich lauter Positiva vorstellen, aber auch Negativa. Bei mir spielte außerdem eine Rolle – und jetzt können Sie gern lachen –, dass ich schon als Kind und noch als Dreiviertelerwachsene große Mühe hatte, mich anderswo, zum Beispiel in München, richtig zu Hause zu fühlen. Ich kenne den Botanischen Garten in München sehr gut, aber ich könnte in der Stadt nicht heimisch werden. Das gilt auch für andere Städte und Gegenden. Was unsere Ausreise nach Amerika angeht, die damals durchaus im Bereich des Möglichen lag, habe ich zu Helmut gesagt: »Wenn du meinst, wir sollten da hin, dann komme ich natürlich mit. Aber wenn du mich nach meiner persönlichen Einstellung fragst, sage ich, wir werden auch hier irgendwie durchkommen.«

Wie hat sich Ihr Amerikabild im Laufe der Jahrzehnte verändert?

Es hat sich nicht grundlegend verändert. Aber ich bin neugierig, wie es mit Amerika weitergeht, wenn die Hispanics, die Latinos, die Oberhand gewinnen sollten; die Spanisch sprechende Minderheit in den Vereinigten Staaten wächst ja inzwischen schneller als jede andere. Ich bedaure, dass ich die Folgen der Veränderung in der Bevölkerungsstruktur wahrscheinlich nicht mehr miterleben werde. Aber sie würden mich interessieren. Ich habe einmal einen riesengroßen Kindergarten an der Ostküste besucht, und zwar für Kinder, deren Eltern aus Lateinamerika gekommen waren. Die Leiterin achtete sehr darauf, dass alle erst einmal anständig Englisch lernten. Es waren hauptsächlich Vorschulkinder und Schulkinder bis höchstens zehn. Mit unterschiedlichen pädagogischen Mitteln wurde ihnen die Sprache nähergebracht. Alle wollten und sollten Englisch lernen, und das fand ich sehr beeindruckend.

Große Politik am Neubergerweg

In Ihrem Esszimmer mit den interessanten Bildern an den Wänden haben Sie einen König sowie mehrere Staats- und Regierungschefs empfangen. Auf wie vielen Quadratmetern haben Sie sie dort – schätzungsweise – untergebracht?

Das Esszimmer ist erst 1974 angebaut worden, und zwar zum Glück, unmittelbar bevor Helmut Kanzler wurde. Das sind höchstens fünfundzwanzig bis dreißig Quadratmeter, also nicht besonders geräumig. Aber unsere Gäste finden immer genügend Platz. Das war auch bei den politischen Besuchen so.

Als ersten Staatsgast haben Sie Edward Gierek, der von 1970 bis 1980 Erster Sekretär der Polnischen Vereinigten Arbeiterpartei war, also polnischer Staatschef, zu sich nach Hause eingeladen. Konnten Sie den Respekt Ihres Mannes für Gierek teilen?

Es ist nicht richtig, dass mein Mann Respekt vor ihm hatte. Er achtete ihn sehr, das ist ein Unterschied. »Anerkennung« ist das richtige Wort. Wir haben die Giereks Jahre später in Oberschlesien aufgesucht. Sie sind uns um den Hals gefallen und haben sich unendlich gefreut, dass wir sie besucht haben. Helmut kannte seine Vergangenheit. Gierek hatte vor und bis kurz nach dem Zweiten Weltkrieg als Bergarbeiter in Frankreich und Belgien gelebt. Er war ein führendes Mitglied des belgischen Widerstands gegen die deutsche Besatzungsmacht gewesen. Nach seiner Rückkehr nach Polen trat er der Kommunistischen Partei bei und hat sich später als KP-Chef sehr um die Modernisierung der polnischen Wirtschaft bemüht. Als er bei uns in Langenhorn zu Besuch war, haben Gierek und mein Mann in unserem Esszimmer übrigens nicht konferiert. Es war eher – wie auch bei späteren, vergleichbaren Besuchen – eine sehr persönliche Begegnung, die Vertrauen schaffen sollte. Meistens gab es Kaffee und öfter mal selbstgebackenen Kuchen. Und die Atmosphäre dabei war einfach so, dass sich die politischen Gäste wohlfühlen konnten.

Ein besonders mächtiger Gast in Ihrem Hause war 1979 Leonid Breschnew, der von 1964 bis 1982 als Generalsekretär der KPdSU die Sowjetunion führte. War er nicht überrascht, wie bescheiden Sie wohnten?

Für uns war es sehr komisch, als er mehrmals fragte: »Und wo ist die Mauer?« Dass unser Haus so ungeschützt an einer Verkehrsstraße lag, war für ihn offenbar nicht zu begreifen. Er konnte ein bisschen Deutsch. »Aber hier stehen ja vor jedem Haus Autos!«, sagte er voller Erstaunen, denn in der Sowjetunion waren Privatautos damals Mangelware. Den allgemeinen Wohlstand hier konnte er nicht nachvollziehen. Seine Äußerungen, die so viel Überraschung ausdrückten, habe ich heute noch im Ohr.

Damals ging es zwischen der Sowjetunion und der Bundesrepublik Deutschland vornehmlich um Sicherheits- und Abrüstungsfragen. Haben die Herren auch hier im Hause darüber geredet?

SPEISENFOLGE

Schwedische Vorspeise
Flatbrot, Butter

—

Schneckensuppe

—

Perlhuhnbrust
"Winzerin Art"

—

Tarte Tartin
Geschlagene Sahne

Scherzhafte Notiz des sowjetischen Staatschefs Leonid Breschnew beim Staatsbesuch 1973 in Bonn auf der Rückseite der Speisekarte an den Bundesfinanzminister Helmut Schmidt: »Erbitte Bewilligung zusätzlicher Mittel, damit wir weitertrinken können.«

Das kann ich nicht beantworten. Wenn sie sich ausführlich darüber unterhalten hätten und ich die ganze Zeit dabei gewesen wäre, hätte ich das bestimmt behalten. Aber ich hatte immer mal wieder Hausfrauenpflichten und habe auch aus den Gesprächsfetzen nichts von einer sicherheitspolitischen Diskussion vernommen.

Hat Breschnew bei Ihnen noch Alkohol getrunken? Er war ja bereits ziemlich krank.

Dass er krank war, haben wir auch gemerkt, als ihm einer seiner Adlaten – wahrscheinlich war es sein Leibarzt – in unserem Badezimmer eine Spritze gegeben hat; die haben sie dann dort im Abfalleimer liegenlassen. Für einen Geheimdienst wäre es sicher hochinteressant gewesen, die Spritze samt Restinhalt zu untersuchen. Für meinen Mann und mich war es ein großer Vertrauensbeweis. Bei uns hat er im Übrigen nur Kaffee getrunken. Wie krank Breschnew war, haben wir auch daran gemerkt, dass er nicht mehr geraucht hat. Aber er mochte es, wenn in seiner Umgebung geraucht wurde. Meinen Mann hat er einmal, als die beiden gemeinsam in einem Auto fuhren, gebeten: »Bitte rauchen Sie, Towarisch Kanzeller, ich rieche das so gern.«

Hat der sowjetische Außenminister Andrej Gromyko, der zu Breschnews Begleitung gehörte und als besonders stur galt, zur allgemeinen Unterhaltung beigetragen?

Ich glaube, bei uns hat er nicht viel geredet. Aber Gromyko, dieser Mensch, der immer ein so verkniffenes Gesicht machte, war einige Jahre später begeistert, als Helmut ihm von meinen Plänen erzählte, im Kaukasus zu botanisieren. Er war sehr angetan davon, dass ich dort nach seltenen Orchideenarten forschen wollte; etwas Ähnliches hatten

Naturwissenschaftler dort schon vor dem Ersten Weltkrieg unternommen. Gromyko hat dann dafür gesorgt, dass ich 1984 die Kaukasusreise antreten konnte. Anschließend habe ich für die sowjetische Akademie der Wissenschaften eine Liste der Pflanzen angefertigt, die mir im Kaukasus besonders aufgefallen waren. Sicher hat bei meiner Reise geholfen, dass Gromyko mich von seinem Besuch in unserem Haus her kannte. Er wusste wohl auch, dass ich mich in Deutschland sehr für den Naturschutz eingesetzt habe.

In Ihrem Haus wurde hart gearbeitet, als der französische Staatspräsident Giscard d'Estaing 1978 hier war und gemeinsam mit Ihrem Mann nebst wenigen Mitarbeitern am Esszimmertisch einen ersten Entwurf für eine europäische Währungseinheit erarbeitete. Haben Sie von den Geburtswehen des ECU etwas mitbekommen?

Da habe ich nur viel Kaffee und etwas zu essen gebracht. Aber mir ist aufgefallen, wie sich die Herren im Eifer des Gefechts erst ihrer Jacken und dann der Krawatten entledigt haben.

Später waren die Giscards auch privat bei Ihnen zu Gast, und einmal nächtigte er in einem Mansardenzimmer. Hatten Sie keine Sorge, dieses verwöhnte Ehepaar könnte sich etwas beengt fühlen?

Nein. Die wussten ja, wie es bei uns zuging. Mir war zwar von einem Besuch bekannt, wie es bei ihnen zu Hause aussah, in ihrem kleinen Schlösschen in Südfrankreich. Aber ich habe gedacht, die beiden Männer kennen sich schon so lange und mögen einander, da wird es wohl wegen der Unterbringung keine Schwierigkeiten geben. Übrigens: Als Giscard und Helmut Anfang der siebziger Jahre beide

Präsident Giscard d'Estaing bei den Schmidts in Hamburg-Langenhorn, 1978

Finanzminister ihrer Länder waren und Helmut nach Frankreich fuhr, hat der damalige Bundesbankpräsident Karl Klasen gesagt: »Es wäre für Europa so wichtig, wenn die beiden sich gut verstünden. Ich drück die Daumen.« Karl Klasen war dann später einer derjenigen, die besonders begeistert darüber waren, dass sich die beiden auf Anhieb so gut verstanden.

Deshalb haben sich die Giscards bei Ihnen auch so wohlgefühlt.

Und deshalb hatte ich auch keine Bedenken, sie in unserem Neue-Heimat-Haus unterzubringen. Es ist doch ein Beweis für großes gegenseitiges Vertrauen, wenn man jemanden bei sich zu Hause beherbergt.

Sie haben an anderer Stelle über ein langes nächtliches Gespräch in Ihrem Haus mit dem spanischen Königspaar berichtet. Worüber haben Sie so ausdauernd gesprochen?

Natürlich haben wir uns erst einmal über die Opernaufführung, die wir vorher gemeinsam gesehen hatten, unterhalten. Wenn man einen Schluck Alkohol getrunken hat und sich gut versteht, läuft die Unterhaltung ohnehin von allein. Wir haben auch viel gelacht, was für eine entspannte Begegnung spricht. Ich kann mich nicht erinnern, dass wir tiefschürfende, hochpolitische Gespräche geführt hätten, dazu waren wir zu müde. Es war immerhin zwei Uhr, als sie gingen.

Haben Juan Carlos und Sofia mitten in der Nacht, als sie zu ihrem Wagen gingen, mit den drei alten Damen gesprochen, die viele Stunden vor Ihrer Tür gewartet hatten, weil sie einmal einen König sehen wollten?

Die Damen haben zuerst neben dem Auto des Königspaars gestanden, und dann hat eine Nachbarin sie mit Stühlen versorgt und ihnen auch heißen Kaffee gebracht, weil sie nicht von der Stelle wichen. Sofia hat mir zugeflüstert: »Die Damen sind sicherlich enttäuscht, dass ich keine Krone aufhabe.«

Hat sie den Frauen die Hand gegeben?

Ja. Die drei Angesprochenen waren hingerissen und konnten kaum etwas sagen. Sie hatten zuvor auch schon geklatscht, als Juan Carlos und Sofia aus unserem Haus gekommen waren.

Wenn Sie am Brahmsee waren, wurden Sie auch öfter von Politikern besucht.

Während der Regierungszeit meines Mannes waren alle Kabinettsmitglieder am Brahmsee. Damals war unser Haus noch kleiner als heute. Essen aus irgendeinem Restaurant habe ich nicht bestellt, wenn politische Größen kamen, weil ich ja nicht wusste, wann sie essen wollten. Ich musste also improvisieren. Wir hatten in unserem Ferienhaus nur zwei Kochplatten. Die habe ich zum Erhitzen des Wassers für Würstchen und Kaffee benutzt. Das war zwar sehr behelfsmäßig, aber es hat funktioniert. Wenn man die äußeren Umstände der kleinen Kabinettssitzungen am Brahmsee während der Regierungszeit meines Mannes betrachtet, macht sich, glaube ich, keiner eine Vorstellung davon, unter welch improvisierten Rahmenbedingungen die vonstattengingen. Und trotzdem: Wir sind alle am Leben geblieben, und möglicherweise – das ist aber jetzt nur meine Vermutung – redet man in so einer Umgebung mit Blick auf den See etwas freier als in einem sterilen Regie-

Begegnung mit dem spanischen König Juan Carlos und König-
gin Sofia, 1977

rungsgebäude. Es gab natürlich auch andere Treffen, zum Beispiel Koalitions- oder Parteivorstandssitzungen. Wenn wir in den Sommermonaten am Brahmsee waren, fanden manchmal mehrfach in der Woche solche Sitzungen statt.

Waren auch ausländische Politiker zu Besuch?

Das kam schon vor, aber natürlich seltener. Ich kann mich beispielsweise an einen dänischen Politiker erinnern, der zu uns kam. Er hat mir eines dieser Holzbretter mitgebracht, die die Dänen benutzen, um Butter schön zu formen. Das Brett hängt heute noch dort im Haus am Brahmsee.

Dass Sie Ihren Gästen sowohl in Langenhorn als auch in Ihrem Ferienhaus am Brahmsee nur ein räumlich bescheidenes Ambiente bieten konnten, hat Sie nicht gestört oder gar in Verlegenheit gebracht?

Um ganz offen zu sprechen: Dieses Hamburger Ambiente ist vielleicht nicht ganz so üppig, aber wenn ich mir unsere drei Wohnräume hier in Langenhorn ansehe mit den vielen Originalbildern und mit einem Bruchteil unserer Bücher, finde ich das überhaupt nicht bescheiden. Unsere nicht so prächtigen Wohnverhältnisse mögen sich von denen anderer Politiker oder Staatsmänner unterscheiden, aber sie passen ganz genau zu Helmut und mir.

Vom Umgang mit Kunst und Künstlern

In Ihrem und dem Leben Ihres Mannes hat die Kunst – Musik und Malerei vor allem – stets eine wichtige Rolle gespielt. Worauf führen Sie das Interesse zurück?

Bei uns beiden natürlich auf unsere Schule, in der Kunst im weitesten Sinne ganz wichtig genommen wurde. Was uns in der Lichtwarkschule an Musischem nahegebracht wurde und was wir dort an Anregungen empfingen, hat bei Helmut und mir wirklich einen nachhaltigen Eindruck hinterlassen. Auch in meinem Elternhaus, selbst wenn es ein Arbeiterhaushalt war, spielten Malerei und Musik eine Riesenrolle. Ich habe mit fünf Jahren Geigenunterricht bekommen; das ist doch erstaunlich bei Eltern, die auf jeden Pfennig achten mussten. Übrigens weiß ich gar nicht, ob das heute noch bekannt ist, dass es Viertel-, halbe und Dreiviertelgeigen gab. Ich habe mit einer Dreiviertelgeige angefangen, die in einem normalen Geigenkasten lag, lernte sehr schnell Noten lesen – normale Schrift konnte ich noch nicht lesen – und wurde von meinem Geigenlehrer immer vorgeführt als »ganz fabelhaft«. Das hat mir natürlich zuerst wunderbar geschmeckt, ist doch klar. Wenn man sich als Fünfjährige vor Erwachsenen produzieren darf oder muss, und die klatschen in die Hände und sagen: »Fabelhaft!«, das ist doch toll für ein Kind. Das hat aber nicht lange vorgehalten. Ich habe deutlich gemerkt: Du bist faul, du übst nicht mehr so viel wie zuvor. Das war ein gewisses Maß an Einsicht, obwohl ich noch klein war. Vielleicht war die Loberei einfach zu viel für mich gewesen. Ein bisschen kritisch gegenüber dem Leben war ich damals schon, wahrscheinlich nicht zuletzt unserer häuslichen Umstände wegen. Später in der Lichtwarkschule stand Kunst groß auf dem Lehrplan.

Wie erklären Sie sich das Interesse Ihrer Eltern an Architektur, aber auch an Kunst insgesamt?

Mein Vater besaß eine große Truhe voller Bilder, die er nach und nach selbst gemalt hatte. Leider ist die Wohnung meiner Eltern ausgebombt worden. Zwei seiner Bilder hatte er aber meiner Großmutter geschenkt, deren Wohnung von den Bomben verschont geblieben war, und die hängen jetzt oben bei uns. Bei dem einen handelt es sich um das erste Ölbild, an dem er sich versucht hat, und zwar eine Birke, die meine Großmutter liebte und die sie »Prinzessin Birke« genannt hat. Meine Mutter hat immer zu mir gesagt: »Da rechts vor dem Rahmen des Birkenbilds hat eine Wolldecke auf dem Fußboden gelegen, und da hast du gestrampelt, als du ein Vierteljahr alt warst.« Daher weiß ich auch ziemlich genau, wann mein Vater dieses Bild gemalt hat. Für ein erstes Ölbild ist es erstaunlich gelungen. Später hat er durch intensives Hinsehen und Nachempfinden zu einer moderneren Richtung gefunden und ist mehr ins Expressionistische gegangen. »Prinzessin Birke« ist noch naturalistisch; das Bild, das er von meiner Mutter gemalt hat, ist schon etwas expressionistischer.

Sind Ihre Großeltern künstlerisch interessiert gewesen, sodass sie ihre Kinder, vor allem Ihren Vater, inspiriert haben?

Überhaupt nicht. Von einer solchen Inspiration habe ich jedenfalls nichts feststellen können. Mein Großvater väterlicherseits war zweiter oder dritter Sohn einer Bauernfamilie in Brandenburg. Damals war es Sitte – heute, glaube ich, nicht mehr –, dass die erstgeborenen Söhne den Hof bekamen, und die anderen männlichen Kinder erhielten Geld, um etwas zu lernen. Das war früher auch anders als heute: Wenn man einen Beruf erlernen wollte, bekam der Lehrherr Geld dafür. Heute ist vielleicht nicht mehr jedem bewusst, dass man damals bezahlen musste, um etwas zu lernen. Die Mädchen der oft kinderreichen Familien gingen in größere Städte und arbeiteten irgendwo im Haushalt, um ein wenig Geld zusammenzusparen für die Aussteuer. Wenn sie schließlich jemanden gefunden hatten, haben sie geheiratet.

Meine Großmutter mütterlicherseits in Hamburg hatte jedoch sehr eigene Vorstellungen von der Zukunft ihrer vier Töchter. Die sollten nicht Däumchen drehen oder im Haushalt arbeiten und warten, bis sie geheiratet wurden. Meine Großmutter, geboren 1869, hat ihren Mann vielmehr dazu überredet: Unsere Töchter sollen alle eine richtige Lehre machen. Alle vier haben dann auch eine Lehre mit Gesellenbrief absolviert. Meine Mutter ist Schneiderin geworden, die drei Jüngeren sind ins Kontor gegangen, in eine Bank. Was ich als Kind von meinen Tanten hörte: Zu Weihnachten bekam jeder der Angestellten einen Klöben, eine Art Stollen, und einen Taler, ein Geldstück. Das waren schöne blankgeputzte Taler.

Nun zurück zu meinem Vater. Sicher hat er auch viele musische Anregungen aus der Schule bekommen, denn sein Lehrer und eine ganze Reihe von dessen Kollegen waren schon in der Kaiserzeit für ein modernes Schulwesen eingetreten. Schon um die Jahrhundertwende gab es hier in Hamburg viele Reformbestrebungen. Von der Schule und insbesondere von seinem Lehrer, Herrn Feldmann, den ich noch kennengelernt habe, ist er, was die Kunst angeht, sehr angeregt worden. Herr Feldmann fand es übrigens bemerkenswert, dass mich die Pflanzen so interessierten. Das war jedoch weniger das Thema meiner Eltern; Pflanzen musste man zwar auch kennen, aber Musik und Malerei waren ihnen wichtiger. Herr Feldmann hat übrigens nicht nur meinen Vater, sondern auch andere seiner Schulkinder stark beeinflusst. Er hatte sich ein Grundstück in der Heide – heute gehört es zu Hamburg-Neugraben – gekauft. Am Wochenende ist er dann dorthin gefahren, und seine Schüler konnten, wenn sie Geld hatten für die Fahrt, mitkommen. Da sind sie sehr viel gewandert.

Wurde an den Wochenenden auch musiziert?

Die sind hauptsächlich gewandert ... Aber gelegentlich haben sie dort draußen auch musiziert. Künstlerisch betätigt haben sie sich vor allem in der Schule. Dort hat mein Vater sicher viele Anregungen bekommen, doch es muss bei ihm auch eine künstlerische Grundbegabung vorgelegen haben.

Und Ihre Mutter stand dem Musischen auch sehr offen gegenüber?

In der Familie meiner Mutter ist sehr viel gefeiert worden, und dabei wurde dann auch ausgiebig gesungen.

Für meine Großmutter ist zwar Künstlerisches nicht so wichtig gewesen, aber die vielen Feiern, die es bei ihr gab, hatten durchaus, wenn man so will, einen künstlerischen Hintergrund, denn die Dekorationen für die Feste wurden mit großer Phantasie selbst hergestellt. Diese Feierei in der Familie meiner Großmutter war schon erstaunlich. Ähnliches hat es in Helmuts Familie nicht gegeben. Dort gab es jedoch Helmuts Onkel Ottomar Otto, der Lehrer und lange Jahre mein Kollege gewesen ist. Er hat vor allen Dingen komponiert. In meiner Familie wurden bekannte Melodien mit neuen Texten versehen, und in der Schmidt'schen Familie wurden Musik und Texte von Onkel Ottomar Otto geliefert.

Wie wirkt die Begegnung mit Kunst – sagen wir, mit einem ausdrucksvollen Gemälde oder einem Bach-Konzert – auf Sie? Erhebt Sie das Erlebnis? Lässt es Sie träumen, oder reagieren Sie eher rational: Was für eine Leistung?

Ich kann überhaupt nicht ausdrücken, wie so etwas auf mich wirkt. Wenn Sie mich fragen, ob ich gern mit Bildern zusammenlebe, kann ich nur sagen: Selbstverständlich. Dieses Auf-mich-Wirken kann ich nicht beschreiben. Nur so viel: Für mich gehören Bilder und Musik einfach zum Leben dazu.

Können Sie sagen, dass Sie, wenn Sie beispielsweise ein Bach-Konzert hören, etwas ganz Besonderes empfinden?

Das gilt besonders, wenn man Bach selbst spielt, und das habe ich ja lange getan. Bei Bildern ist es genauso: Man fühlt sich irgendwie angekommen – besonders, wenn man sie zum ersten Mal sieht.

Malerei und Musik gehören bei Ihnen wie bei vielen ehemaligen Lichtwarkschülern zum Leben.

Auch in meinem Elternhaus war es so, und das hat mich sehr bestimmt. Von heute aus gesehen ist es sicher ungewöhnlich, dass ein Elektriker musisch so interessiert und begabt war und dass er Volkshochschulkurse besuchte, um sich weiterzubilden.

Als Erwachsene haben Sie und Ihr Mann nach dem Krieg die wiedergewonnenen Möglichkeiten genutzt und das Hamburger Theater genossen.

Vor allem sind wir in die Kammerspiele, mit Ida Ehre als Intendantin und Schauspielerin, gegangen. Wir hatten gar kein Geld, um häufig ins Theater zu gehen. Aber zu Ida Ehre, die damals moderne Stücke, auch amerikanische, hierher brachte, sind wir, wenn wir es uns irgendwie leisten konnten, öfter gegangen. Was gespielt wurde, weiß ich nicht mehr so genau, aber die Aufführungen von Thornton Wilders *Wir sind noch einmal davongekommen* oder Wolfgang Borcherts *Draußen vor der Tür* erinnere ich noch als große Erlebnisse.

Sie sind auch später häufiger im Theater gewesen, allerdings habe ich den Eindruck, mehr in kleineren Theatern wie dem Winterhuder Fährhaus und Ernst-Deutsch-Theater, nicht so sehr in den großen Hamburger Häusern.

Ich erinnere, dass uns manche Spielpläne der Theater nicht gefielen.

Mit einem Hamburger Künstler, Siegfried Lenz, der in Ostpreußen geboren wurde, sind Sie seit Anfang der sechziger Jahre befreundet. Was schätzen Sie besonders an ihm?

Fernsehauftritt mit dem Freund Siegfried Lenz, 2008

Siegfried ist nicht nur ein großer Schriftsteller, er ist auch ein außergewöhnlich einnehmender Mensch. Diese leise, bescheidene Art zum Beispiel. Nach drei Sätzen weiß man, in welche Richtung sich seine Gedanken bewegen, und kann hinterherlaufen.

Sie sprachen bereits darüber, dass die rororo-Romane nach dem Krieg ein Erlebnis waren, das eine neue Welt eröffnete.

Natürlich zuerst die Zeitungsdrucke. Aber sehr schnell sind dann auch diese kleinen Bändchen gekommen. Und wir haben versucht, sie alle nacheinander zu kaufen, weil wir das Gefühl hatten: Gott sei Dank, endlich mal Literatur von außerhalb!

Haben Sie Favoriten gehabt unter den Schriftstellern, die Sie nach dem Zweiten Weltkrieg zum ersten Mal lesen konnten?

Wir waren so begierig, endlich einmal etwas Neues zu lesen, dass wir alles verschlungen haben. Und ich glaube, was man, wenn man es nicht erlebt hat, nur schwer nachvollziehen kann, war dieses Gefühl: Endlich etwas von draußen, von freien Schriftstellern lesen zu können!

Ihr Mann hat einmal geschrieben, er sei gewillt, bei großen Künstlern gewisse Marotten oder unangenehme Eigenschaften wie Arroganz und Eitelkeit zu akzeptieren. Sehen Sie das ähnlich?

Da muss ich Ihnen ehrlich sagen: nicht nur bei Künstlern, was mich angeht. Ein Mensch darf seine kleinen Vögel haben. Nur, er darf bei seinen Mitmenschen nichts Schlimmes damit anrichten. Aber sonst – wenn es um die

Leonard Bernstein war ein »Temperamentsfeger«, 1976

Ehrung eines großen Künstlers:
Der Bildhauer Henry Moore erhält 1980 das Bundesver-
dienstkreuz; links Margaret Thatcher

Akzeptanz von nicht so angenehmen Eigenheiten eines Menschen geht, würde ich die Künstler nicht als Ausnahme behandeln, sondern alle einschließen.

Mit Helmut Schmidt im Kanzleramt eröffneten sich interessante Chancen, der Kunst und vor allen Dingen den Künstlern noch näher zu kommen. Ihr Mann hat einmal dem Sinn nach gesagt, das Angenehme am Amt des Kanzlers sei, dass man mehr oder minder jeden, und nicht zuletzt Künstler, treffen könne. Haben Sie das auch so gesehen?

Die vielen Möglichkeiten, herausragenden Persönlichkeiten zu begegnen, habe ich schon genossen. Vor allem hat mich gefreut, dass ich die Gelegenheit hatte, Naturwissenschaftler kennenzulernen. Wenn ich jemanden traf, von dem ich ungefähr wusste, woran er arbeitete, habe ich mich mit ihm unterhalten. Das habe ich als ein Privileg empfunden. Allerdings wurde dieses Privileg auch damit erkauft, dass ich aufgrund der besonderen Anforderungen der Kanzlerzeit auch persönlich immer unter größerem Druck stand als »normale« Menschen.

Welche Künstler, die Sie in Ihrer Bonner Zeit kennengelernt haben, fanden Sie besonders eindrucksvoll?

Sie waren so unterschiedlich, letztlich aber waren alle beeindruckend. Henry Moore haben wir in England besucht, Lenny Bernstein war ein Temperamentsfeger. Haben Sie ihn mal dirigieren sehen? So lebhaft, wie er sich am Dirigentenpult gab, war er auch im wirklichen Leben.

Sie haben auch einmal mit ihm und anderen zusammen gesungen, Somebody Loves Me, *ganz spontan und improvisiert.*

Sicher haben wir häufiger gesungen, aber eigentlich nur aus dem Augenblick heraus. Wenn man über etwas redete, fiel einem irgendein Lied ein, einer oder mehrere begannen zu singen, und alle anderen stimmten ein. Das ist vielleicht sogar ein ganz gutes Beispiel dafür, wie normal und unaufgeregt, ohne Ressentiments, Lenny und wir miteinander umgegangen sind. Er stammte ja aus einer jüdischen Familie und hatte die Verbrechen der Nazis nicht vergessen. – Henry Moore wiederum war ganz anders. Sehr viel leiser, beinahe scheu. Ich bin sehr froh, dass er seine großartige Skulptur *Large Two Forms* für den Vorplatz des Bundeskanzleramtes in Bonn hergegeben hat. Ich denke, sie war und ist dort ein großes Schmuckstück.

Mit Herbert von Karajan verbinden uns gemeinsame Erlebnisse. Bei ihm sind wir während der Salzburger Festspiele ein paarmal gewesen. Wir haben dann in seinem schönen Haus in Anif gewohnt. Wenn wir abends gemeinsam zum Konzert nach Salzburg fuhren, schubste mich seine Frau Eliette immer so, dass ich zu ihrem Mann ins Auto stieg. Wir sind immer so gefahren, dass sie mit Helmut und ich mit ihm im Auto saß. Die Hinfahrt verlief jeweils mehr oder weniger stumm. Wir wurden von einem Chauffeur gefahren. Auf der Rückfahrt habe ich manchmal nachgefragt, wenn mir eine Stimme in seinem Orchester besonders aufgefallen war oder er sie besonders hervorgehoben hatte. Dann habe ich ihn zum Beispiel gefragt: »Warum haben Sie an jener Stelle die Celli so hervorgehoben?« Er hat mir das dann musikalisch erklärt. Wenn Karajan ein Konzert zu dirigieren hatte, musste man ihn vorher schlicht in Ruhe lassen. Ich saß dann während der Fahrt brav und stumm neben ihm.

Die Schauspielerin Lilly Palmer war um einiges lebhafter.

Auf der Yacht Herbert von Karajans im Mittelmeer

Sie konnte meinen Mann gut leiden – wofür ich Verständnis habe – und hat das auch zu erkennen gegeben.

Konnte sie malen?

Da drüben an der Wand hängt ein Bild von ihr. Sie war immer unterwegs und quirlig und hat sich das Ausruhen innerlich nicht erlaubt. Vielleicht hat sie sich beim Malen ausgeruht. Bestimmte Dinge in ihr sind dann womöglich zur Ruhe gekommen. Den Eindruck habe ich jedenfalls von ihren Bildern gehabt.

Als Kanzler hat sich Ihr Mann darum bemüht, das unterentwickelte Verhältnis zwischen der politischen Macht und der Kunst zu stärken. Das geschah unter anderem mit wechselnden Ausstellungen im Kanzleramt (Emil Nolde, Käthe Kollwitz, Ernst Barlach, Max Ernst). Haben Sie ihn bei der Konzipierung beraten?

Das haben wir immer gemeinsam gemacht. Es hat uns beiden nicht gefallen, dass die Kunst eine so untergeordnete Rolle in der Politik spielt. Deshalb haben wir uns überlegt, Ausstellungen im Kanzleramt zu veranstalten. Sie sollten auch als eine Art Wiedergutmachung für die Künstler dienen, die während des Naziregimes als »entartet« verfemt worden waren.

Haben Sie den Eindruck, dass die Ausstellungen genug beachtet worden sind?

Sie waren immer nur am Wochenende für die Öffentlichkeit zugänglich. Ob viele der Besucher zu jenen zählten, die noch miterlebt hatten, dass bestimmte Kunstrichtungen in der Nazizeit verboten waren, oder ob es einfach Neugierige waren, die mal ins Kanzleramt schauen wollten, kann

Eröffnung einer Modersohn-Ausstellung in Hannover, 1978

ich schwer sagen. Wahrscheinlich waren beide Gruppen unter den Besuchern vertreten. Die Medien haben die Ausstellungen vernünftigerweise auch häufiger beachtet.

Besonders dem Expressionismus wollten Sie beide Wiedergutmachung zuteilwerden lassen. Sicher war es auch für ausländische Staatsgäste interessant, bei ihren Besuchen den deutschen Expressionismus zu erleben. Von dem wusste man im Ausland meistens nicht viel.

Als Helmut Verteidigungsminister war, fand einmal eine internationale Konferenz statt, während der ich die Frauen zu unterhalten hatte. Ich habe ihnen etwas vom Expressionismus erzählt und wie er in der Nazizeit verboten war … Damals war mir die englische Sprache ziemlich geläufig. Aber versuchen Sie mal, den Begriff »entartete Kunst« auf Englisch verständlich zu erklären und auch, warum man sie selbst trotz der damaligen Verdammung weiterhin für wunderbar hielt und warum man nun froh war, dass sie wieder anfing, eine Rolle zu spielen. Helmut und ich waren sehr davon angetan, als in einem berühmten New Yorker Museum eine Ausstellung deutscher Expressionisten stattfand. Sie hat damals, Anfang der siebziger Jahre, einen großen Eindruck in Amerika gemacht und dem deutschen Expressionismus viel Ansehen verschafft.

Haben Sie Bilder Ihrer Lieblingsmaler in den Kanzlerbungalow hängen lassen?

Wer unsere Lieblingsmaler sind, können Sie hier bei uns an den Wänden sehen: die Worpsweder und Fischerhuder, insbesondere Otto Modersohn und Paula Modersohn-Becker, und die Hamburger Maler des frühen 19. Jahrhunderts, unter anderen Hugo Schmidt, dessen Frau als befreundete Lehrerin Helmuts Eltern für die Reformschulen interessiert hatte.

Von anderen Schulen, von der »Brücke« beispielsweise …

Deren Maler habe ich leider höchstens mal bei Ausstellungen gesehen. Das ist etwas anderes, als wenn man mit Bildern lebt. Dennoch, die Bilder der Künstlervereinigung »Brücke« finde ich sehr eindrucksvoll.

Sie waren und sind aber zu teuer, um sie kaufen zu können.

Völlig aussichtslos.

Aber einen Emil Nolde haben Sie doch auch in Ihrem Haus?

Mehrere Zeichnungen. Bilder von ihm sind ja auch bei den Ausstellungen im Kanzleramt gezeigt worden; ein besonders schönes Nolde-Gemälde hing dort im Arbeitszimmer meines Mannes.

1986 sind Sie zu Bernhard Heisig in die DDR gefahren, der Ihren Mann für die Kanzlergalerie porträtieren sollte.

Zuerst war allerdings der Sohn Bernhard Heisigs zu uns nach Hamburg gekommen, um die Verbindung aufzunehmen. Helmut und ich waren uns damals schon einig, dass es ein Maler aus der DDR sein sollte, der ihn für das Kanzleramt porträtieren sollte. Ich fand, zwischen Impressionismus und Expressionismus stehend, passte Bernhard Heisig in die Zeit … Wie ich später gemerkt habe, hat er durchaus auch impressionistische Bilder gemalt. Hier an der Wand hängt eine Landschaft, die wahrscheinlich niemand Bernhard Heisig zuordnen würde. Sie war noch nicht getrocknet, das Öl war noch feucht, als er sie mir mitgebracht hat. Bevor es mit dem Malen losging, haben wir

Heisig in Leipzig besucht. Bei unserem Gespräch war ein Aufpasser dabei, der stellvertretende Kulturminister der DDR. Er war die ganze Zeit um uns, fiel aber nicht besonders unangenehm auf. Letztlich musste er wohl Bernhard Heisig, der SED-Mitglied und ein Vorzeigekünstler der DDR war, bei seinen Unterhaltungen mit den prominenten Klassenfeinden aus dem Westen kontrollieren.

Einen anderen Künstler aus der DDR, Gustav Schmahl, ein fabelhafter Geiger, hatte Helmut in Kalifornien getroffen, wo er ein Konzert gegeben hatte. Später, als er noch zu DDR-Zeiten ein Konzert in Hamburg gab, ist er von dort aus heimlich zu uns an den Brahmsee gekommen. Wir hatten ihn, nachdem wir erfahren hatten, dass er in Hamburg spielte, eingeladen. Mich hat sein heimlicher Besuch bei uns sehr berührt. Ich habe ihm erzählt, dass ich ganz früh Geige spielen gelernt und dann hauptsächlich Bratsche in verschiedenen Orchestern gespielt habe. Da hat er mir seine kostbare Geige in die Hand gedrückt und gesagt: »Versuchen Sie doch mal!« Das fand ich ganz rührend. Jedenfalls hat kein Mensch gemerkt, dass Gustav Schmahl bei uns gewesen ist.

Künstlerische Höhepunkte während der Regierungszeit Ihres Mannes waren auch die gelegentlich vom Kanzleramt organisierten Konzerte im Palais Schaumburg. Welche Künstler haben dort gespielt?

Ich kann mich nicht mehr an alle erinnern, aber ich weiß, dass Yehudi Menuhin mehrfach im Palais Schaumburg gespielt hat; er hat uns auch einmal am Brahmsee besucht. Ein erstaunlicher Geigenvirtuose, der auch menschlich sehr angenehm war.

Ein Freund zu Besuch: Der Geigenvirtuose Yehudi Menuhin

Ein Putzmann, der sich als Künstler entpuppt: Loriot beim Sommerfest des Kanzlers 1979 in Berlin

Wer wurde zu den Konzerten eingeladen?

Das diplomatische Corps und Interessierte. Da ich Gastgeberin war und die Räumlichkeiten begrenzt waren, musste ich darauf achten, dass nicht zu viele Gäste eingeladen wurden.

Sie standen bei solchen Gelegenheiten, vor und nach den Konzerten, wieder in der Repräsentationspflicht. Haben Sie sich trotzdem bei der Musik entspannen, sie genießen können?

So richtig entspannen konnte ich mich natürlich nicht. Die Gastgeberpflicht war immer präsent. Ich erinnere aber, dass Helmut und ich vor den Konzerten Programmwünsche geäußert haben. Oft sind sie wohl auch erfüllt worden.

Ein künstlerischer Höhepunkt des Jahres während der Regierungszeit Ihres Mannes waren immer die Berliner Kanzlerfeste. Was erinnern Sie noch davon?

Zum Beispiel einen brillanten Klavierspieler, der im Aufzug eines Orchestergehilfen oder Putzmannes auf die Bühne der Berliner Philharmonie kam. Er rückte einen Stuhl zurecht oder fegte hier und da, ging dann ans Klavier und spielte ein paar Akkorde. Danach wischte er wieder ein bisschen, räumte etwas herum und setzte oder stellte sich abermals ans Klavier und spielte. Brillant! Der Gehilfe entpuppte sich schließlich als Vicco von Bülow alias Loriot. Er hat uns eine wunderbare Vorstellung geliefert.

Peter Ustinov hat auch geglänzt bei den Festen.

Das stimmt. Ustinov war ebenfalls ein so beeindruckender Mensch und vielfältig begabter Künstler. Ich weiß

Helmut Schmidt mit Sir Peter Ustinov beim Kanzlerfest in Berlin, 1982

gar nicht, was ich an ihm am meisten geschätzt habe. Wahrscheinlich die vielen Facetten seiner Persönlichkeit. Er konnte als Schauspieler wirklich alles, und schreiben konnte er auch noch.

Haben Sie sich auf dem Kanzlerfest auch amüsieren können, oder standen Sie unter dem Druck, repräsentieren zu müssen?

Bei Loriot und Ustinov habe ich so herzlich lachen müssen, dass ich beinahe alles um mich herum vergessen hätte. Bei den Kanzlerfesten hatte ich ja auch keine Verantwortung. Das haben andere geregelt.

Aber hinterher und in den Pausen kamen doch die Leute auf Sie zu.

Ich war aber nicht verantwortlich, ich brauchte nur da zu sein.

Sie haben die Begegnungen mit der Kunst und Künstlern als einen besonderen Bonus der ansonsten anstrengenden und aufregenden Kanzlerzeit empfunden.

Viele Künstler haben wir vor der Kanzlerzeit kennengelernt, und sie sind uns treu geblieben. Sie waren vorher schon da und sind auch hinterher noch da geblieben. Einige sind dazugekommen – Karajan und Ustinov beispielsweise. Siegfried Lenz, Nicole Heesters oder Hardy Krüger haben wir vorher kennengelernt und sind immer noch mit ihnen befreundet. Da wir so uralt geworden sind, sind von unseren Künstlerfreunden nicht mehr viele da. Lilly Palmer, Peter Ustinov, Herbert von Karajan, Ida Ehre … Sie alle sind inzwischen gestorben. Dieses Dahinscheiden von Freunden gehört zur Tragik des Sehr-alt-Werdens.

Rückblick auf ein reiches Leben

Blicken Sie manchmal – in ruhigen Stunden – zurück auf Ihr Leben und versuchen eine Bilanz?

Erst gestern Abend haben wir in unserem Wohnzimmer gesessen und ein wenig in unsere Vergangenheit zurückgeblickt. Da habe ich zu Helmut gesagt: »Und guck dich jetzt um! Guck mal all unsere vielen Bilder, die Bücher und was wir hier sonst noch alles haben …« – »Ja«, hat er geantwortet, »wir sind zwar bescheidene Leute geblieben, aber eigentlich haben wir es schön …«

Das ist doch schon mal eine Erkenntnis! Sie reden durchaus gelegentlich über so eine Art Bilanz?

Das ist bei alten Leuten so der Fall, dass sie – und besonders, wenn sie auf eine solch lange Zeit zurückblicken können wie wir – mitunter eine Art Lebensbilanz aufmachen.

Stellen Sie dann auch fest, dass Sie Glück gehabt haben, Erfüllung und Freude?

Gestern haben wir festgestellt, dass wir uns in unserer immerhin achtundsechzig Jahre währenden Ehe nur einmal richtig gezankt haben. Ich denke, das sagt eine ganze Menge.

Wenn Sie zurückblicken – das Leben war für Sie doch alles in allem sehr erfüllt?

Dass man so viel in ein Leben hineinstopfen kann, habe ich natürlich früher nicht gedacht. Es ist weitaus mehr gewesen, als ich mir je vorgestellt habe.

Solche Rückblicke machen Sie gemeinsam mit Ihrem Mann?

Wir machen es eigentlich immer nur gemeinsam. Diese Rückblicke sind ganz eindeutig Alterserscheinungen, denn nach vorn gibt es ja nicht mehr so viel zu sehen.

Schwingt dabei auch Freude und Dankbarkeit mit?

Freude will ich nicht sagen, denn wir haben ja auch ziemlich viel Mist erlebt. Aber Dankbarkeit ist in jedem Fall dabei. Wir brauchen uns doch nur hier in unserem Haus umzugucken. Und dass wir zusammen so alt geworden sind, dafür können wir auch dankbar sein.

Sie haben beide sehr viel erreicht im Leben.

Das kann man sagen. Helmut sowieso. Und dass ich mein eigenes Feld gefunden habe, war wichtig für mich, und auch für meinen Mann war es wichtig.

Ihr Mann wusste, dass Sie eine Aufgabe hatten, in der Sie auch sehr erfolgreich waren.

Neuland ist immer reizvoll, und ich glaube, ich habe es intensiv beackert.

In Ihrem Fall der Naturschutz.

Als ich damit angefangen habe, bin ich doch teilweise noch ausgelacht worden. »Das ist die mit den Blümchen!« Nein, eine gewisse Dankbarkeit empfinden wir beide dafür, dass uns so vieles im Leben gegeben worden ist.

Als wie schwer haben Sie die Arbeit, die Anspannung und die Disziplin empfunden, die Ihnen das Leben immer wieder abverlangt hat – vor allen Dingen während Ihrer Bonner Zeit?

Ich habe das nie als besonders schwer empfunden, ich war es ja nicht anders gewohnt. Ich habe, als ich fünfzehn Jahre alt war, mehr oder weniger den Haushalt geführt, weil unsere Mutter Geld verdienen musste. Ich habe nie das Gefühl gehabt, dass ich ein schweres Leben hatte.

Der Unterschied zu Ihren Jugendjahren bestand Jahre später darin, dass Sie immer im Blickpunkt der Öffentlichkeit gestanden haben.

Daran musste man sich sehr gewöhnen. Dieser Aufenthalt im Mittelpunkt der Öffentlichkeit ist natürlich anstrengend. Aber man darf auch nicht vergessen, dass man sich dabei manchmal ganz gut fühlt. Die Anerkennung oder der Respekt, die einem von vielen Menschen entgegengebracht werden, entschädigen für vieles.

Es wird Ihnen auch viel Zuneigung entgegengebracht.

Letzteres tut einem besonders gut.

Das ist doch eine besondere Entschädigung, nehme ich einmal an, für vieles, was Sie vielleicht im Gegensatz zu Menschen, die nicht so bekannt sind …

Natürlich. Und dass man mit einundneunzig Jahren zum Beispiel noch mit Dieter Buhl zusammensitzt und ein Buch schreibt …

Haben Sie sich unter dem Druck des öffentlichen Interesses persönlich verändert oder bestimmte Eigenschaften entwickelt, die Sie so vorher nicht hatten?

Das kann ich nicht beantworten. Sicher konnte ich nach einer gewissen Zeit entspannter vor ein Publikum treten oder mich in einem mir fremden Kreis bewegen. Auch konnten mich bedeutende oder wichtige Leute nicht mehr sonderlich einschüchtern, ich bin vielmehr ganz gelassen auf sie zugegangen.

Sind Sie misstrauischer geworden im Laufe der Zeit?

In der Bonner Zeit bin ich auf jeden Fall misstrauischer geworden. Das ging gar nicht anders, denn es kamen doch viele Menschen auf einen zu, von denen man nicht wusste, was sie wollten.

Haben Sie aufgrund Ihrer und Ihres Mannes Prominenz neue Freunde gewonnen und alte verloren? Und ich meine jetzt nicht Künstler, über die wir ja schon gesprochen haben.

Alte Freunde haben wir nicht aufgegeben. Manche von ihnen sind allerdings inzwischen gestorben. Aber neue Freunde dazugewonnen haben wir natürlich auch. Und wir versuchen, unsere Freundschaften zu pflegen.

Viele Menschen haben im Laufe Ihres Lebens etwas von Ihnen gewollt, aus zum Teil sehr nachvollziehbaren und freundlichen Gründen, aber häufig sollten Sie auch für sehr eigennützige Zwecke beansprucht werden.

Im Umgang mit Wünschen oder Bitten, die an uns herangetragen wurden, war ich bald sehr viel vorsichtiger ge-

Bei der Eröffnung des Loki Schmidt Hauses im Botanischen
Garten Hamburg, 2006

worden. Bittbriefe in irgendeiner Richtung habe ich früher beinahe immer sorgfältig gelesen und mir überlegt, was ich tun könnte. Bei den Bitten ging es meistens darum, mich für jemanden einzusetzen oder ihn mit jemandem bekannt zu machen. Bei solchen Anliegen habe ich immer sehr genau überlegt, was ich machen könnte. Das tue ich jetzt nicht mehr, denn meine Kräfte, das merke ich ja selbst am allerbesten, schrumpfen nun sehr.

Haben Sie manchmal das Gefühl, dass Sie für irgendetwas missbraucht werden sollen, zum Beispiel wenn jemand etwas verkaufen will, eine Idee oder auch Produkte?

Natürlich, manchmal kommt man nicht gleich dahinter, aber dann doch bald. So etwas wahrzunehmen, lernt man mit der Zeit.

Gilt das auch für Ihren Mann, ist der ebenfalls ein bisschen argwöhnischer geworden?

Argwöhnischer gewesen. Er hat ja auch viel länger im öffentlichen Leben gestanden als ich.

Was haben Sie in Ihrem Leben am meisten vermisst?

Das Wichtigste, was mir das Leben versagt hat, ist, sechs Kinder zu haben. Aber die Toxoplasmose, eine Krankheit, die heute leicht zu heilen wäre, hat verhindert, dass ich sechs Kinder bekam.

Mit vielen Kindern wäre Ihr Leben anders verlaufen.

Völlig anders.

Wäre Ihr Mann mit sechs Kindern in seiner Familie in die Politik gegangen?

Das glaube ich schon, denn als er mit der Politik angefangen hat, wären noch keine sechs Kinder da gewesen.

Eine politische Karriere wäre für ihn mit einer großen Familie schwieriger gewesen.

Es wäre einfach anders gelaufen. Ich hätte mich beispielsweise nicht um den Pflanzenartenschutz und Naturschutz kümmern können. Ich hätte auch nur weitaus weniger Zeit mit Helmut zusammen verbringen können.

Und Ihr Mann hätte nicht sehr viel Ruhe gehabt, wenn er nach Hause gekommen wäre.

Das weiß ich nicht. Vielleicht wären viele eigene Kinder für Helmut eine Bereicherung gewesen. Aber es ist müßig, darüber zu reden.

Was soll von Ihnen in Erinnerung bleiben?

Ein großer Teil unseres Hauses soll so, wie wir es eingerichtet haben, als Museum erhalten bleiben und von einer Stiftung verwaltet werden.

Können Sie sich vorstellen – wenn Sie mal nicht mehr da sein sollten –, dass hier Schulklassen durchgehen, und der Lehrer erklärt ihnen: »Hier haben ein Bundeskanzler und seine im Naturschutz sehr aktive Frau gewohnt. Sie lebten in keiner prächtigen Villa oder gar in einem Palast, sondern in diesem schön eingerichteten Reihenhaus«?

Das kann ich mir gut vorstellen. Durch Häuser von ehemals Regierenden bin ich selbst auch häufiger mal marschiert.

Aber das waren dann meistens größere Häuser.

Das sehr liebevoll gepflegte Adenauer-Haus in Rhöndorf ist natürlich ein bisschen größer. Doch ich hätte da nicht wohnen mögen, denn so viele Bücher und Bilder gab es dort nicht. Ich finde es richtig, dass ein paar solcher Häuser öffentlich zugänglich bleiben oder werden. Die Besucher sollen erleben, dass diejenigen, die dieses Land einmal regiert haben, und ihre Angehörigen ganz normale Menschen waren. Nicht durch Glanz und Prunk abgehoben von der Bevölkerung, sondern mitten unter den Menschen. Das wäre sicher sehr lehrreich, denn unser Demokratieverständnis ist ja noch nicht so uralt. Um es weiter zu stärken, halte ich diese Anschauung für sehr wichtig.

Dank

Mein herzlicher Dank gilt Dieter Buhl. Er hat mich viele Male ausgefragt. Zuvor hatte er eine Struktur für das Buch entwickelt, der wir dann in unseren Gesprächen gefolgt sind.

Mein zweites großes Dankeschön geht an die Lektorin Kathrin Liedtke, mit der ich – wie schon mehrfach – wunderbar zusammengearbeitet habe.

Ein Dank geht auch an Andrea Bazzato, die unsere Gespräche von den besprochenen Bändern sorgfältig abschrieb, sowie an Heike Lemke, die maßgeblich an der Bildauswahl beteiligt war.

Bildnachweis

Archiv Helmut Schmidt 15, 25, 37, 41, 44, 51, 56, 59, 61, 65, 82,
 97, 131, 151, 161, 181, 193, 194, 203, 207, 213, 219, 229, 230, 233
Morris Mac Matzen 227
Bundesbildstelle 107, 123, 134, 143, 146, 169, 178, 186, 199, 216,
 239, 240, 242
Hans Josef Jennel 145
Heinz O. Jurisch 42
Foto Kramer 52
Familie Modersohn 235
Hans-Jürgen Mundt 200
Georg Munker 88
Helmut R. Schulze 132
Sven Simon 44, 89
Uwe Reuter 81
Stadtbildstelle Essen 95
Stern 114
Renate Wegener 248

Helmut Schmidt und Peer Steinbrück im Gespräch: gezielt, ohne Politjargon, Zug um Zug.

Sie zählen zu den bedeutendsten Politikern ihrer Generation und sie verbindet eine langjährige Freundschaft. Sie stehen für Zuverlässigkeit, wegweisende Entscheidungen und klare, oft unbequeme Positionen. Obwohl fast dreißig Jahre zwischen ihnen liegen, werden die beiden oft in einem Atemzug genannt – Elder Statesman und moralische Instanz der eine, spätestens seit der Finanzkrise Garant für politische Geradlinigkeit der andere. Sie treffen sich – diesmal nicht zum Schachspielen, sondern um über große politische Themen zu reden, die zurzeit die Menschen bewegen.

256 Seiten, gebunden

| Hoffmann und Campe |